KB249937

레드카드
주는 여자

레드카드
주는 여자

지은이 | 임은주
1판 1쇄 인쇄 | 2012년 9월 13일
1판 1쇄 발행 | 2012년 9월 18일

펴낸이 | 김영곤
펴낸곳 | (주)북이십일 21세기북스
출판등록 | 2000년 5월 6일 제10-1965호
부사장 | 임병주
팀장 | 탁수진
책임개발 | 정선화
기획개발 | 이장건 문숙영
마케팅 영업 본부장 | 최창규
영업 · 마케팅 | 김태균 오하나 정원지 소재범
표지 · 내지 디자인 | 북이십일_김서형 **편집** | 다우
주소 | 경기도 파주시 회동길 201(문발동)
전화 | 031-955-2171(마케팅), 031-955-2124(기획편집), 031-955-2177(팩스)
홈페이지 | www.book21.com

ISBN 978-89-509-4017-1 13320 **값** 12,000원
Copyright©임은주2012

이 책 내용의 일부 또는 전부를 재사용하려면 반드시 (주)북이십일의 동의를 얻어야 합니다.
잘못 만들어진 책은 구입하신 서점에서 교환해 드립니다.

인생 앞에서 **징징거리지 마라!**

레드카드
주는 여자

임은주 지음

21세기북스

Contents

"우리나라 여성 최초 축구 국제심판 임은주"

이 강렬한 타이틀 덕에 나는 교수·CEO가 된 이 순간까지도 "임은주 심판"이라고 불린다. 국제회의와 출장으로 공항에 가면 낯익은 승무원들은 내게 아직도 "국제경기 가세요?"라는 말을 하곤 한다.

생각해 보니 늦은 나이에 잠재력을 발견해 도전한 결과치고, '축구 심판'은 나에게 인생의 터닝 포인트를 안겨준 감사한 호칭이다. 1997년 우리나라 여성 최초 축구 국제심판이 되어 아시아를 넘어 세계최초의 기록에 이르기까지 나는 심판으로서 할 수 있는 모든 것을 다 이루었다. 국제심판 생활 8년 간 두 번의 월드컵, 올림픽, 세계 최초 남자 프로축구 여성 전임심판, FIFA U-17 남자 세계대회 여성 최초 주심 등 도전하는 모든 것이 지금은 역사가 되었다.

사실 최초, 이슈가 되고 싶어 도전했던 것은 아무것도 없었다. 이 모든 것의 시작은 세상이 나에게 강요한 속 터지는 고정관념과 그에 따른 열 받음의 결과물이었다. 사람들은 자기가 할 수 없으면 남들도 할 수 없다고 쉽게 판단했다. 나는 그러한 주변의 부정적인 고정관념을 바꿔주고 싶었다. 나는 그저 나의 꿈에 그들의 시나리오를 붙이고 싶지 않았을 뿐이다. 도전은 누구에게나 이렇듯 우연히 시작되고, 인생을 바꾸는 기적을 잠재하고 있다. 성취의 맛을 보면 누구나 도전의 사냥꾼이 될 수 있다. 목표가 더 커질수록 그에 상응하는 대가를 치러야 함을 알게 되고, 처음엔 많은 준비를 해야 하지만 점점 헤매지 않아도 목표한 길이 보이게 된다. 나 또한 처음에는 누군가를 상대로 도전하였고, 다음은 세상과의 도전, 지금은 나의 한계에 대한 도전에 접어들었다. 지금 오직 나의 관심은 내가 무엇을 얼마큼 해낼 수 있는가에 있다.

사람들은 죽기 전에 자신이 하고 싶은 일들을 적어본다. 일종의 버킷리스트다. 그러나 나의 버킷리스트에는 죽기 전에 내가 극복해야 할 열등감들이 적혀 있다.

어린 시절 나는 꿈이 없었다. 내게 어떤 것도 가능할 것 같지 않았던 주변 환경과 차별, 그리고 편견 가득한 시선들을 통해 너무 일찍 세상을 알아버렸기 때문이었다.

이상과 현실의 괴리에서 열등감이 많았고 옴짝달싹 못하는 환경에 숨이 막혔다. 그러나 나는 신기하게도 내가 스스로 포기한 것은 인정해도 남이 나를 포기하는 것에는 자존심이 상했다. 그때쯤 자연스럽게 스스로 삶의 돌파구를 만들어야 한다는 사실을 알게 되었고, 끝 모를 인생의 터널을 달리고 달렸다. 좌절된 일도 부지기수였지만 다행히 한두 번 성취했던 일들이 나를 다음 기회로 연결해 주었다. 밑천 없이도 열정만 있으면 도전해 볼 만한 일들이 세상에 많다는 것을 경험하며 자신감이 충만해지기 시작했을 때쯤, 결점 많은 내 인생의 열등감은 어느새 성취감으로 변해가고 있었다. 살아온 인생을 뒤돌아보면, 나는 그 누구에게도 쉽사리 위로받기 싫어했던 것 같다. 위로는 동정이라고 생각했기에. 답도 없는, 남의 인생에 빗대어 하는 위로가 무슨 소용인가? 위로도 중독이 된다. 어깨를 두드림 받으며 따뜻한 말 한마디로 시작된 위로의 달콤함이 나중에는 땅에 주저앉아 대성통곡을 하며 받아도 성에 차지 않을 것이다.

인생의 경기가 시작되었는데 선수가 경기가 두렵다고 워밍업만 하고 있을 수는 없다. 기권을 하던지 경기에 나서던지 선택은 오직 둘 중 하나다. 물론 경기를 하다보면 슬럼프도 온다. 그렇다고 선수가 슬럼프를 극복하기 위해 무조건 위로만 받고 있을 수는 없다. 더 많은 훈련으로 극복하고 다시 자리로 돌아와야 한다. 슬럼프가 왔다고 주저앉아 평생 위로만 듣고 있으면 경기는 언제 할 것인가?

고난 없는 영광은 없다. 인생을 살면서 얻을 수 있는 최고의 위로는 남의 목소리가 아닌 자신 속 내면에 울림이다. 남의 위로는 말 그대로 위로일 뿐, 상처를 치유시키는 것이 아니라 유지시킬 수밖에 없다.

그래서 위로와 힐링은 엄연히 다르다. 건강한 자아를 위해서는 남이 아닌 자신의 내면과 먼저 대화를 시도해야 한다. 내가 세상을 컨트롤 하지 못하면 세상이 나를 컨트롤 할 것이고, 고난을 극복하지 못하면 고난은 영원히 내 곁을 떠나지 않을 것이다. 나 말고 누가 내 인생을 대신해 줄까? 생각해 보라. 결론은 '없다'는 것이다. 당신에겐 백 번의 위로가 아니라 세상을 정면 돌파하는 한 번의 용기가 필요하다. 어설픈 위로가 당신의 무능력과 게으름을 대변하게 하지 마라. 그리고 남의 경험을 어설프게 떠드는 멘토들의 위로는 그만 듣고 스스로 깨고 나와라. 위로에 중독되면 다시 걷기 힘들어지기 때문이다.

책을 쓰기로 결심했지만, 나는 글을 쓰는 내내 망설이고 있었다. 오만가지 생각이 머리를 스쳐지나갔기 때문이다. 매 목차의 상황에 집중하다 보면 글을 쓰는 것이 아니라 과거로 돌아가 그 현장에 서 있는 듯한 느낌이 들었다. 특히 어린 시절로 접어들면 한 줄을 쓰기 위해 3일이 걸리기도 했다. 반면 전성기의 삶을 들여다보며 3~4개의 목차를 한 번도 쉬지 않고 쓴 적도 있었다. 문제는 내용에 있었다. 생각하고 싶지 않은 일을 과거로부터 꺼내야 할 때 나는 며칠간을 망설였고, 반대로 미친 듯 도전하며 이뤄낸 성취의 시간에는 글쟁이도 쓰기 힘든 분량의 글을 막힘없이 써내려 갔다.

이처럼 누군가를 감히 '힐링'하기 위해 시작했던 나의 작업은 매 목차가 끝나는 순간마다 반대로 나 자신을 과거로부터 치유시키는 작업이 되어가고 있었다. 태어나 처음으로 완벽하게 묻어 놓았던 어린 시절을 꺼내는 작업은 쉽지 않았다. 남을 힐링하기 위해 내가 상처 받고 싶지 않았기 때문이다. 어디까지 꺼내야 하고 밝혀야 하는지 많은 고민도 했다. 그러나 개천에서 난 용 같은 나를 자랑스러워하는 가족들, 나의 잠재력을 응원해온 스승들, 그리고 지금 내 경험을 듣고 달릴 준비를 하는 누군가를 생각하며 나는 내 인생을 온전히 글로 옮겼다. 지금 이 순간, 나는 누군가 내 책을 읽고 '힐링'만 하기를 원하지 않는다. 나로부터 도전과 열정도 함께 전염되기를 바랄 뿐이다.

마지막으로 가진 것 없이 열등감 덩어리로 시작한 성장을 주심에 감사하고, 염증 같은 영어를 평생 끼고 살아야 하는 운명을 주심에 감사하고, 99%의 불가능보다 1%의 가능성을 바라보는 멘토들을 주셔서 감사하고, 달콤한 현실의 안주보다 쓰디쓴 미래의 가치를 소중히 여길 줄 아는 철학을 주심에 감사하고, 출세를 위한 비굴함보다 왕따가 되어도 굽히지 않는 소신을 주심에 감사하고, 부유한 거짓보다는 배고픈 정직을 선택하는 심성을 주신 주님께 평생 감사드린다.

· · · · ·

**가지고 있지 않은 것에 대한 불만보다
하나라도 가지고 있는 것에 감사할 때
인생의 '터닝 포인트'가 시작된다.**

확신하건데 인생은 누구에게나 해피엔딩이다.
살면서 만나는 수많은 장애물은 해피엔딩을 만들기 위한 과정일 뿐이다.
난관에 부딪쳤을 때 모든 것이 끝난 것처럼 주저앉으면
그것이 우리 인생의 마지막이 되는 것이고,
다시 일어나 뛰면 주인공이 되는 것이다.
내 삶은 내가 만들어가는 것이다.
인생의 드라마에 우여곡절이 있어야 가치가 부여되듯
포기만 하지 않는다면 누구에게나 인생은 해피엔딩일 것이다.
성공한 사람도 만족이 없으면 불행하다.
다시 말해 지금 불행하지 않다면 당신은 이미 성공한 것이다.

CHAPTER 1

도전 없는
인생은
무효

"나는 결점이 많아
평생을 노력해야 하는 운명을 타고났고,
결점은 어느덧 나의 매력이 되었다."

"나는 결점이 많아
평생을 노력해야 하는 운명을 타고났고,
결점은 어느덧 나의 매력이 되었다."

01
도전 없는 인생은 무효

선수들이 국가대표를 꿈꾸는 이유는 단순하다. 최고의 무대에 주인공이 되고 싶고, 운동선수로서 자신의 가치를 증명하고 싶어서이다. 하지만 내가 여자 축구 국가대표에 도전한 계기는 이와 달랐다.

대학을 졸업한 후 3년간 직장생활을 하는 동안 나는 공부를 더 하고 싶은 욕심에 늘 목이 말라 있었다. 그러나 등록금과 입학시험에 대한 부담이 이에 대한 마음을 억누르던 상황이었다.

그러던 어느 날 나는 대한축구협회에서 여자 축구 국가대표를 선발한다는 공고를 보게 되었다. 원서 제출과 기본기 테스트 외에도 경기력 평가를 본다는 것이 흥미를 끌었다.

당시 1990년대는 "무슨 여자가 운동이야?"라는 사람들의 인식이 박혀있어 여자가 축구를 한다는 것은 조금 부끄러운 일처럼 보였지만, 다행히 서울대학교와 이화, 숙명여자대학교 등 명문대에서 줄지어 여자축구팀을 창단하고 있어 사람들의 시선이 점차 좋아지고 있던 추세였다.

연일 여자 축구에 대한 이슈가 화제에 오르는 것을 보고, 나는 국가대표가 되면 나의 상품가치를 높여 운동 특기자로 대학원에 입학하는 것이 가능하리라는 판단을 내렸다. 나는 가장 높은 서울대 대학원을 목표로 삼고, 대학교 입학 때처럼 특기자 입학이 등록금 면제로 이어지리라는 기대를 걸었다.

1차 기초체력과 2차 기본기 테스트는 동대문 운동장에서, 팀을 이루어 벌이는 3차 경기력 테스트는 태능 육사구장에서 이루어졌다.

나는 상상을 초월할 정도로 많은 숫자의 지원자가 모인 것을 보고 놀랐고, 이미 기존 여자 대표 팀이 구성되어 있는 것을 보고 또 한 번 놀랐다. 더욱이 필드하키를 같이 했던 다른 대학의 선배를 그곳에서 만나 반갑기는커녕 부끄러울 지경이었다. 다행히 필드하키와 축구는 전술과 경기규칙 등 여러 조건이 비슷해 축구를 제대로 배우지 못한 내게도 유리한 종목이었다.

1, 2차 테스트를 통과하고 마지막 3차 팀별 경기를 남겨둔 때였다. 내가 속한 팀은 과거 운동선수 출신이었던 아주머니, 학생, 일반인 등 오합지졸로 이루어져 있었다. 경기 중 나와 함께 공격수를 담당했던 아주머니의 어린 아이들은 경기장 밖에서 쉬지 않고 "엄

마, 파이팅!"을 수없이 외쳐 나뿐만 아니라 나머지 팀원들의 정신까지 빼놓았다. 반면 상대는 1985년 여자 축구 국가대표 선수들로 구성된 팀이었다. 역시나 실력 차이가 너무 나서 공격수였던 나는 공한 번 제대로 잡아 보지 못하고 전반전을 마쳤다.

15분의 휴식 시간을 위해 밖으로 나오는데 차범근 감독님, 박종환 감독님 등 많은 축구 관계자들과 미디어들이 와 있는 것이 보였다. 전반전을 마친 후 그분들을 보고 나니, 대학원이 물거품이 될 것 같아 마음이 급해졌다. 전반전을 돌이켜보면 후반전에 전세를 역전시키는 것은 불가능해 보였다. 어떻게든 후반전에 승부수를 띄워야 했다. 순간, 고등학교 시절 대학을 가기 위해 필드하키 공격수에서 골키퍼로 포지션을 바꿔 감독님들의 눈에 띄었던 기억이 스쳐 지나갔다.

'그래, 공격을 포기하고 수비로 내려가자. 중앙에서 수비수를 하면 공격수보다 볼 만질 기회가 더 많아질 거고, 그래야 내 능력을 보여줄 기회가 생긴다.'

예상대로 수비수로 포지션을 바꾼 이후 나는 후반전에서 제 기량을 다 보여줄 수 있었고, 나는 결국 우리 조에서 유일하게 대표 팀에 선발된 수비수가 되었다.

이번에 구성된 여자 축구 국가대표팀은 북경 아시안게임을 위해 선발되었기 때문에 선수촌 훈련을 위해 5개월가량의 장기간 합숙이 불가피한 상태였다. 직장을 다니고 있던 나로서는 상당히 난감한 상황이었다. 다행히 당시 여자 축구 대표팀은 화제의 중심에 있었고 대통령의 특별 지시로 만들어졌던 터라 직장에서도 이에 대한 양해를 해 주었다.

선수촌에서 훈련을 하던 중에도 여자 축구 대표팀은 미디어에서 많은 인터뷰 요청이 쇄도하였고 그만큼 국민들의 관심도 높았다. 선수들 모두가 국가대표라는 자부심도 대단했다. 같이 훈련했던 25명 중 최종 아시안게임에는 18명만 갈 수 있어 자체 경쟁도 치열했다. 자기 자신이 그 포지션에서 독보적이면 모를까, 팀에서 교체선수인 경우에는 마음이 불안해질 수밖에 없었다. 같은 포지션에 있는 선수들은 경쟁이 치열해 그날그날 게임을 뛰는 것이 매우 중요한 문제였다. 나는 운이 없게도 아시안게임을 두 달 정도 남기고 연습경기 중 다리 부상으로 6주간 통깁스를 하게 되었다. 갑자기 하늘이 노래졌다. 아시안게임을 못가는 안타까움이 아니라 대학원을 못갈까 봐 불안감이 엄습해 왔기 때문이었다. 나보다 더 불안해했던 분들은 감독님과 코치님이었다. 다른 포지션은 대체가 가능했지만 한 경기도 빠지지 않고 붙박이 중앙 수비를 보던 내가 빠지니 걱정을 많이 하실 수밖에 없었다. 치료에서 재활까지 아시안게임을 맞추기가 빠듯했다. 나는 계속 기다릴 수 없어 야밤에 샤워장에서 뜨거운 물로 의사의 허락 없이 통깁스를 뜯어냈다. 다리가 온통 보라색 피멍으로 가득 차 있었다. 다음날부터 나는 반깁스를 한 채 재활 훈련에 매달렸다. 다들 깁스를 일찍 풀어 안심했지만, 실은 다리가 지면에 닿을 때마다 온몸에 털이 곤두설 정도로 고통은 치명적이었다. 경기를 뛰며 통증이 너무 심해 진통제를 얼마나 먹었는지 기억이 나지 않을 정도였다. 나는 그 정도로 대학원에 들어가 공부를 하고 싶었다.

깁스를 풀고 진통제로 고통을 참으며 운동장을 뛰어다닌 대가로 나는 마지막 18명 엔트리에 들어 북경 아시안게임에 가게 되었다. 당시만 해도 중국에 입국하기 위해서 반공 교육을 받아야하는 상황이었다. 교육을 받기 위해 처음으로 남자 축구 대표팀 선수들과 대면했고, TV로만 보았던 박종환 감독님, 최순호 선수, 이영진 선수, 서정원 선수, 홍명보 선수, 황선홍 선수 등 지금은 모두 지도자가 된 황금 멤버를 만나게 되었다. 훗날 프로심판에 입문하여 그들과 재회했을 때 감회가 새롭기도 했다.

북경 아시안게임 기간에 여자선수들은 시합이 끝나고 대표팀이 해체되면 돌아갈 곳이 없어 늘 불안해했다. 그나마 직장이 있었던 몇몇 친구들도 장기 합숙이 용인되지 않아 직장을 그만두고 대표팀에 합류한 경우가 다반사였다. 그러던 어느 날, 여자 대표팀이 정동성 체육부 장관님과 저녁 식사를 함께 했을 때였다. 식사를 마칠 쯤 필요한 게 없냐는 질문에 나는 망설임 없이 여자 축구 대표팀의 장래에 대해 질문했다. 아시안게임이 끝난 후 실업상태가 된 선수들을 위해, 실업팀을 만들어야 하는 것이 아니냐는 등 동료들의 걱정을 대신한 질문이었다. 최선을 다하시겠다는 대답에 최선이 아닌 약속을 원한다며 너무 '오버'하는 바람에 식사가 끝난 후 코치, 감

❖ 북경 아시안게임 국가대표 시절 동료들과 함께

독님에게 혼났던 기억이 난다. 여하튼 우리는 창단 5개월 만에 아시
안게임에 출전했고, 예상대로 이 팀 저 팀에게 많은 골을 내주었다.
그나마 마지막 홍콩에게 1승을 하며 아시안게임을 끝냈다.

 아시안게임이 끝난 후 우리는 한국으로 돌아가는 것이 아니라 전
용기를 타고 남자팀과 북한으로 가기로 되어 있었다. 여자팀은 18
명 중 9명만이 북한으로 가고 남은 9명은 한국으로 돌아가며, 대신
에 이화여대와 숙명여대 선수들이 합류할 것이라는 엉뚱한 루머가
돌았다. 북한에 가기 위해 너무 못생긴 선수는 교체한다는 엉뚱한
말이 돌아 다들, 고생은 우리가 했는데 왜 한국에서 여대 선수들이
합류를 하느냐고 분통을 터트렸지만, 저녁이면 북한에 가기 위해

모두들 얼굴 마사지를 하며 거울 앞을 떠나지 못하고 미모에 신경을 썼다. 나도 불안감에 종일 마사지를 했던 기억이 난다. 여하튼 루머는 루머라, 반은 맞고 반은 틀렸다. 여대생 선수 9명이 합류하긴 했지만 미모 순은 아니었던 것이다. 전 경기에 들어간 선수들은 남았고 교체를 했던 친구들은 마지막 순간에도 교체가 되었다. 한국으로 돌아가는 친구들에게 너무 미안하고 합류한 여대생 선수들이 너무 미워 북한에서도 관계가 좋지 않았던 기억이 난다. 북한에 도착하니 아시안게임에서 만난 북한 선수들이 공항에 플라스틱 꽃다발을 들고 나와 그야말로 열렬히 환영해 주었다. 다른 선수들은 몰라도 나는 감회가 남달랐다. 여기가 아버지가 그렇게 그리워하던 북한이구나. 가족이 모두 이곳에 있는 아버지는 설날과 추석이 되

❖ 북경 아시안게임이 끝난 후, 남북 여자 축구 대표팀 합동훈련에서

면 늘 가족을 그리워하셨다. 도착하고 다음날 북한 쪽에서 나에게 가족을 만나겠냐고 연락이 왔다. 북경에 있었을 당시, 한국으로 전화를 하여 "북한에 가는데 가족들 사진이라도 찍어 올까요?" 물으니 사촌 오빠가 전쟁 때 한국군 장교여서 해코지를 할 수도 있다는 말을 듣고 거절했었다. 북한 측으로부터 가족인데 왜 만나지 않느냐며 인정머리 없다는 소릴 들었던 기억도 난다.

북한에서 3박 4일을 보내고 나서 나는 일상으로 돌아와 대학원을 가기 위해 서울대에 문의를 하였다. 당시 서울대학교의 여자 축구팀은 동아리 수준이라 특기자를 뽑지 않는다는 이야기를 듣고 실망했지만, 다행히 이화여자대학교 여자 축구팀은 특기자를 선발해 나는 이화여대에 입학하여 처음으로 캠퍼스 생활을 하게 되었다. 나는 그렇게 직장을 그만두고 학교 조교로 그렇게 원했던 대학원 생활을 시작할 수 있었다.

생각해보면 매번 학교 생활이 순탄치 않아 입학과 졸업이 불가능할 정도로 아슬아슬했지만 목표를 멀리 두고 그 과정을 걸치면서 나는 많은 성장을 해 왔다. 그 이유는 결과보다도 과정에 더 많은 시간과 최선을 다했고 어떤 결과라도 가치를 치르고 가져야 한다는 값진 교훈을 얻었기 때문이다.

● ● ● ● ●

과거로 돌아가면 무엇을 다시 시작하거나,

무엇이 되고 싶다고 표현하는 이들이 있다.

나는 단 1초도 과거로 돌아가고 싶지 않다.

나쁜 기억 때문이 아니다.

매 순간 나는 나의 한계를 넘었고, 그때가 내가 할 수 있었던 최선이었다.

성공도 실패도 있었지만 그 어느 것도 나의 성장에 소중하지 않은 것은 없었다.

"도전할 때마다 매번 100%의 차별을 생각하라.
차별이 50%만 되어도 결국 남은 50%는
나의 Advantage가 된다."

02

불가능이 두려우면 시작도 하지 마라

"여보세요, 대한축구협회죠? 지도자 자격증이나 심판 자격증을 따려고 하는데 어떻게 해야 하나요?"로 시작된 나의 문의는 심판 강습회 원서 접수는 곧 있지만 여성 지원자가 한명이라 접수는 불가능하다는 답변으로 돌아왔다. 여러 명이 함께 합숙하는 남자들과는 달리 숙소를 혼자 써야 하는 나 때문에 예산이 더 들어간다는 것이었다. 전화를 끊고 나니 기분이 나빠졌다. 숙소비가 얼마나 하기에 지원도 못하나 싶어 다음날 다시 전화해서 숙소비를 자비로 내고 등록하겠다고 했다. 사실 심판강습회는 전혀 관심이 없었다. 선수 시절에도 현역 때도 심판을 좋아하지 않았다. 또한 선수출신 심판들의 경우 친구들은 코치, 감독으로 벤치에 앉아 있는데 허구한 날 잘 보나 못 보나 관계없이 욕이나 먹는 심판을 좋아하지 않았다. 다만 경기규칙을 정확하게 배울 수 있는 기회여서 대부분 강습만 받고 현역 심판으로 활동하는 경우는 매우 드물었다. 다시 전화하겠다는 축구협회의 답변을 듣고 잊고 있었는데 자비라도 내고 하겠다는 말이 마음에 들었는지 등록을 허락하였다. 내가 협회로 전화한 이유는 간단했다. 그 당시 나는 이화여대 축구부 코치였는데 갑자기 감독님이 사퇴하시는 바람에 팀을 맡게 되었고, 선수들이나 나나 축구경력이 같아 다른 것은 몰라도 경기규칙은 알고 볼을 찰 수 있도록 가르치고 싶었기 때문이었다. 여하튼 연락을 받고 1차 교육을 참석하기 위해 가보니 거의 모든 강습 참여자가 최소 대학까지 볼을 차던 선수출신들이었다. 심판은 3급에서 시작하여 2급, 1급, 국제나 프로로 성장하는 과정인데 그 당시 국내 1급 심판들이 적어 특별 심판 강습회를 통해 1급을 주는 획기적인 상황이었다. 당연히 선발 과정에서 선수경력이 우선시되었고 경기규칙의 이해도가 높은 사람들을 위주로 선발하였다. 홍일점이다 보니 수강생들이 많은 도움을 주었다. 국가대표 선수출신이지만 축구경력이 짧아 배워야 할 것이 많았던 나는 고급 레벨의 동기생들 덕분에 빠르게 적응할 수 있었다. 심판위원장님과 강사님들도 국내 최초 여자 축구심판을 만든다는 자부심이 크셔 기대도 많이 하셨다. 3개월간 세 지역을 돌며 심판의 기초부터 고급 경기까지 이론, 실기, 체력 테스트를 끝내고 우리는 초등학교 서울시 시합부터 심판을 배정받기 시작했다.

그 당시 여자 축구팀이 거의 없어 나도 동기들과 함께 남자 경기를 시작했다. 중학교 경기에 겨우 입문했을 무렵 나는 오랫동안 가졌던 영어의 열등감을 극복하기 위해 미련 없이 미국으로 향했다.

미국으로 출발하기 전, 그곳에서 심판을 보면 현지인들과 가까워져 영어를 더 빠르게 배울 수 있을 것 같았다. 나는 대한축구협회에 협조공문을 부탁해 미국 축구협회로 보냈다. 그 덕에 미국에 도착하여 바로 심판 생활을 이어갈 수 있었는데, 첫 경기부터 문제가 발생했다. 중학부 경기에서 몇 번 주심을 본 것이 전부인 나에게 미국에서는 성인부 경기를 내주었던 것이다. 나는 너무 놀라 할 수 없다고 이야기 하고 싶어도 영어가 전혀 되지 않아 땀을 뻘뻘 흘리고 있었다.

❖ 미국 유학 시절 테네시 지역심판들과 함께

그러나 이미 부심들은 양 팀 주장을 부르고 있었다. 70분짜리 중학교 경기 정도밖에 보지 않은 내가 90분 동안 엄청난 체력과 스피드를 필요로 하는, 더군다나 말 한마디 통하지 않는 이 미국에서 주심을 볼 생각을 하니 머릿속이 하얗게 변했다. 더욱이 테네시 지역 심판들은 한국에서 온 1급 심판에게 배워야 한다며 필기도구를 가지고 경기장 옆에 줄맞추어 서서 내 경기를 관람하고 있었다. 결국 이런저런 부담으로 나는 경기 내내 심판을 보기는커녕 90분 동안 뭘 하고 나왔는지도 모를 정도로 정신이 없었다. 나중에 안 사실이지만 미국의 지역심판은 10급부터 시작이었기 때문에 1급은 최상급 레벨이었다. 한국축구협회에서는 내가 1급 심판 자격증이 있음을 명시하며 협조를 요청했으니 미국에서는 당연히 가장 힘든 경기와 쓰나미 같은 스케줄을 내게 배정한 것이었다. 다행인 것은 내가 오심을 해도, 모두들 1급 심판인 내가 무조건 옳다고 생각했기 때문에 창피한 상황을 모면할 수 있었다.

그 이후 매주 지역심판들은 번갈아 가며 나를 각자의 집에 초대했다. 그들과 심판에 관한 대화가 많아지면서 나는 손발 다 이용하던 보디랭귀지를 6개월 만에 졸업할 수 있었다. 몸개그 없이 웃으면서 대화할 수 있는 수준으로 영어가 빠르게 향상되면서, 심판을 보며 돈도 벌고 심판 능력도 향상시켰다. 심판 활동은 일석삼조의 기회를 제공하였다.

미국생활을 청산하고 한국에 돌아왔던 그해에 국제심판 자격시험이 있었다. 문제는 한국에는 아직 여자 축구 국제심판이 없어 여성 심판을 위한 룰이 없다는 것이었다. 우선 남자 대학부 이상 주심 10 경기, 부심 20경기가 첫 번째 자격이었는데 기준이 모호해 주심 11 경기와 부심 20경기까지 꽉꽉 채워 시험에 응시했다. 다음은 체력 테스트, 영어시험과 경기규칙 필기시험이었다. 미국에 다녀 온 보람 있게 나는 그해 전체 국제심판 응시자 중 1등으로 영어시험에 합격했다. 국제심판 시험을 보기 전 최초라 룰 문제로 우왕좌왕 해프닝도 많았다. 남자와 여자는 국제심판의 수와 체력테스트가 각각 다르지만 전혀 정보가 없던 시절이라 다들 내가 남자 국제심판 수를 뺏는 줄 알고 이런 저런 구박도 많이 했다. 한국에 돌아와 보니 홍일점으로 심판을 시작할 때는 여기저기서 도움을 많이 받았는데

❖ AFC(아시아축구연맹) 심판상 수상

최상급 레벨인 국제와 프로심판으로 들어서며 경쟁이 아니라 거의 남자들과의 전쟁을 벌여야 했다. 예를 들어 1998년 나는 남녀 합쳐 한 명에게 주어지는 올해의 심판상을 받았다. 당연히 최고의 심판이니 프로로 올라갈 것이라고 기대하였다. 그러나 더 검증을 요구하는 위원회와 주변의 시선에 동기들이 프로로 향할 때 나는 남자 실업경기에서 1년을 더 재수하였다. 지금 생각해 보면 심판을 처음 시작할 때 동기들보다 배정이 적고 저학년 경기에만 계속 배정되는 차별에 화가 났었다. 승부욕도 강해 주변에 따지기도 했지만 그 시간은 나에게 튼튼한 기본기를 가질 수 있도록 해준 보약 같은 시간이었다.

❖ 대한민국 여성 최초 축구 국제심판 자격증 취득 후

• • • • •

큰일이 목전에 있을 때마다 주문한다.

생각에 힘을 빼고 몸에 힘을 빼고 그리고 시작하자.

아직도 말처럼 쉽지 않은 일들이지만 그래도 그 많은 실수에 넘어지면서

다짐하고 또 다짐하는 내 모습에 늘 박수를 보내고 있다.

주변을 보면 상황이 마음대로 되지 않아 힘으로 일을 밀어붙이려 애쓰다

시작도 못하는 젊은 친구들을 많이 본다.

정확한 준비를 하지 않으면 우리의 마음은 급하게 되어있다.

시작을 위해 오래 준비하는 것은 결국 그 일을 오랫동안 할 수 있다는 것이다.

지금 시간의 늦음과 빠름을 계산하지 말고 본인이 무엇을 가장 잘 할 수 있고

무엇을 해낼 수 있는지에 많은 고민과 시간을 가져야 한다.

그것이 준비 안 된 출발로 걸림돌에 이리저리 넘어져

목적지에 도착하지 못하고 포기하는 쪽보다는 낫다.

오늘 곰곰이 생각해 보라.

그동안 살아온 나의 모습이 힘만 쓰던 모습이었는지 지혜로운 모습이었는지.

그리고 앞으로 살아가야 할 날들은 또 어떤 모습이여야 하는지.

"열정과 도전하는 사람은 죽을 때까지 성장한다.
그래서 지금도 나는 나의 잠재력을 발견하고
확인해가는 과정에 있다."

03
내가 꿈을 이루면 난 다시 누군가의 꿈이 된다

어렸을 때부터 운동을 해서인지 나는 남달리 도전 의식이 강하고 한번 목표를 세우면 죽기 살기로 덤비는 성격이다. 국가대표를 은퇴한 후 곧바로 지도자와 심판 자격증을 취득하였다. 경기규칙을 위한 이해도를 높이기 위해 심판 강습에 참여하게 되었는데 그 당시 국제심판으로 활동하는 선배들이 영어에 스트레스를 받고 있는 것을 보았다. 나는 국가대표 출신이라 체력과 경기를 읽는 능력이 뛰어나 영어만 하면 꿈에 그리던 월드컵과 올림픽에 출전할 수 있을 것을 확신해 미련 없이 자비로 미국에 건너갔다. 나는 미국에서 영어뿐 아니라 젊어서 고생은 사서한다는 말같이 지독한 고생을 하고 싶었다. 운동으로 다져진 정신력을 바탕으로 사회 밑바닥부터 철저하게 미국 사회를 배우고 싶었고, 영어는 못하지만 내가 무엇을 얼마나 해낼 수 있는지 나 자신을 시험해 보고 싶었다. 우선 미국으로 출발하기 전 대한축구협회에 미국 축구협회로 협조 공문을 보내달라고 부탁했다. 그곳에서도 심판 활동을 계속하기 위해서였다. 그리고 각 대학마다 각국의 동창회가 잘 조직되어 있는 것을 알고 내가 가는 쪽의 동창회를 확인했다. 다행히 모두 오랫동안 미국에 정착하시면서 성공하신 분들이었다. 또한 그곳 한인 교회의 집사님을 통해 미국 입국에 필요한 학생비자 서류를 받아 유학원을 통하지 않고도 비자를 신청할 수 있었다. 이미 1년 전 학장님의 주선으로 미국행을 선택했을 때 영어가 전혀 되지 않아 시카고 공항에서 비행기를 몇 대나 놓친 경험이 있어 더욱 만발의 준비를 했다. 유학을 위해 돈을 모아놓았지만 유학 생활이 넉넉하면 불안감이 없어 긴장도가 떨어질 것을 예상해 두 달 치의 생활비만 가지고 출발했다. 두 달 동안 아르바이트로 현지에서 모든 걸 해결할 수 있도록 나를 몰아세우고 싶었다. 도착하자마자 집을 구하고 학원에 등록했다. 동창회에 연락해 아르바이트를 부탁하고 그 지역 심판위원장을 수소문해 심판 활동을 준비했다. 한 달이 지났을 때 아르바이트를 위해서는 차가 없으면 아무것도 할 수 없음을 깨닫고 운전면허를 따기로 결심했다. 물론 국내 운전면허가 있었지만 국제면허보다 이곳에서 시험을 보면서 교통관련 영어와 미국 교통법을 배우고 싶었다. 유학생 4명과 함께 교회 청년회장의 도움을 받아 수업이 끝난 후 경찰서에 가서 필기시험을 보게 되었는데 모두 붙고 나만 떨어졌다. 영어의 기초도 없는 나에게 영어 면허시험은 솔직히 한 문제에 10분 이상 걸리는 사법시험 수준이었다. 머신으로 이론시험을 보다 사전을 볼 수 있는 페이퍼로 바꿨다. 매일 경찰서 문을 닫을 때까지 홀로 가서 보고 또 보고 하니 마지막 이론 합격을 했을 때는 경찰서가 온통 축제 분위기였다. 나 때문에 퇴근이 늦었던 몇몇 여자 경찰들이 주변에 면허갱신을 온 미국인들에게 그간 나의 9전 10기의 인간승리를 설명하는 듯 했다. 내가 열심히 떨어지는 동안 앞서 한 번에 붙은 다른 한국 후배들은 실기에 계속 낙방하고 있었다. 다음날 실기 주행 테스트를 위해 나는 뚱뚱한 백인 여자 경찰과 함께 차에 올랐다. 무슨 말인지 다 알아들을 수는 없었지만 눈치껏 차선 바꾸고 스톱 사인에 서고 문제없이 다시 경찰서로 들어와 무사히 주차까지 마치고 시동을 껐다. 영어가 많이 부족한 나는 차에 오르기 전 일행들에게서 경찰이 말이 길면 불합격이고 짧으면 합격이라는 이야기를 들었다. 경찰관의 조언을 듣기 위해 얼굴을 바라봤다. 무슨 소리인지는 몰라도 말이 길어지고 있어 마음이 불안해졌다. 사실 이론시험에 질려버린 나는 더 이상 경찰서에 오고 싶지 않았다. 그날 날씨는 아주 무더운 38도였고 시동을 끄고 있어 그 경찰관의 옷은 순식간에 땀으로 범벅이 되어가고 있었다. 땀이 잘 나지 않는 체질인 나도 실내가 너무 더웠다. 그날 나는 최선을 다해 보디랭귀지로 그녀에게 제발 합격시켜 달라고 떼를 쓰고 있었고, 그녀는 숨이 막히는지 호흡이 자연스럽지 못한 상황이었다. 내 차가 아니라 창문을 열고 싶어도 열리지 않았고 조수석에 탄 경찰관도 자동 잠금장치 때문에 문을 못 열고 있었다. 둘다 차 안에서 사우나 이상의 땀을 흘리고 난 뒤 차에서 내릴 수 있었는데 경찰관이 무슨 영문인지 소리를 고래고래 지르며 안으로 들어갔다. 나는 함께 온 후배에게 왜 저러는지 따라가 물어보라고 했다. 안에서 나온 후배는 웃느라 정신이 없었다. 경찰관이 나에게 살인자라고 소리쳤단다. 차 문을 열어주지 않아 숨이 막혀 죽을 뻔 했다고 화가 단단히 났다며 "그래도 누나 합격이야."라고 말했다. 그런데 경찰관이 왜 그렇게 말이 많았냐고 하니 합격했지만 운전할 때 이러저러한 점은 조심해야 한다며 조언을 준 걸 내 입장에서는 말이 길어지니 불합격인줄 알고 통사정을 했던 어이없는 상황이었다. 나는 이론과 실기를 통해 그 경찰서에 깊은 인상을 심어주었고 미국에서 신고식을 제대로 했다. 영어가 부족해 움츠려 있었다면 면허는커녕 미국 사회를 경험할 귀한 기회를 잃을 수 있었는데 "사람 사는 데가 다 똑같겠지."라는 배짱으로 덤볐더니 보약이 되었다. 이론시험을 볼 때 사전을 하도 내려다 봐 목이 돌아가지 않을 정도로 담이 심하게 들었지만 포기하지 않았고, 일행 중 내가 가장 먼저 면허를 따는 기쁨을 누리게 되었다. 그 이후로 나는 '시작은 미약하나 끝은 창대하리라.'는 성경 구절을 아주 좋아하게 되었다.

면허를 따니 미국 생활에 자신감이 생기기 시작했다. 한국에서 가져온 돈도 한달치만 남아 무언가 시작해야 할 때 다행히 테네시 지역 심판 위원장에게 전화가 와 지역 경기 심판을 보게 되었다. 토요일은 3경기, 일요일은 2경기를 보았고 심판비가 적지 않아 한 주에 하숙비가 모두 해결되었다. 또한 심판비는 경기 직전 바로 현찰로 주니 유학생활에 큰 도움이 되었다. 두 달이 지나고 아주 오래된 중고차를 싼 가격에 사서 본격적으로 아르바이트를 시작하였다. 주중에는 아침 9시부터 오후 2시까지 학원에서 영어를 배우고, 4시부터 밤 10시까지 동창회에서 알선해준 스포츠용품점에서 월요일부터 금요일까지 옷을 정리하고 카운터를 보며 시간당 6불씩을 벌었다. 예전 유학생들 사이에서는 접시닦기 아르바이트가 유행이었다는데 우리 때는 청소가 인기였다. 교회에 빌딩을 관리하는 집사님이 계셔 청소를 하고 싶다고 하니 혼자는 불가능하다고 하셨다. 다음날 학원에 가 힘 좋은 후배와 영어를 잘하는 후배에게 아르바이트를 함께 하겠냐고 하니 아르바이트에 목이 말랐던 친구들은 단번에 승

❖ 94년 미국유학 중 어학원 친구들과 함께

낙을 했다. 학원 수업이 끝나면 본격적으로 아르바이트를 시작해 밤 11시에 스포츠용품점에서 기숙사로 돌아와 밥 먹고 숙제하고 새벽 1시에 교외로 두 친구를 태우고 청소를 다녔다. 워낙 꼼꼼하게 잘 하니 다른 건물에서도 계속해서 의뢰가 들어왔지만 이미 아르바이트를 3개나 하고 있고 하루 4시간만 잠을 자는 상황이라 포기할 수밖에 없었다. 아르바이트를 해서 학원비, 기숙사비, 차량유지비, 식비, 잡비를 다 충당하고도 남았다. 더욱이 아르바이트를 하며 매일 오는 손님들과 이러저런 수다를 떨고 매주 지역 심판들과 경기에 대한 이야기를 나누니 영어 회화 실력이 빛의 속도로 늘고 있었다. 그러던 어느 날 스포츠용품점에 강도가 들어오는 큰 사건이 나서 일을 그만두게 되었다. 귀한 주중 오후 시간을 어떻게 보낼까 고민하던 중 학원 선생님의 모교에서 여자 축구팀 코치 제의가 들어왔다. 당연히 승낙했고 방과 후에 축구를 지도하며 함께 지역시합에 참여했다. 미국 생활 1년여 동안, 몇 년 동안 있어도 경험 못할 일들을 했다. 어디를 가던 부지런히 노력하면 기회가 계속 생기고 동기유발이 되었다. 유학을 떠나기 전 고생을 사서라도 하겠다는 강한 결심이 있어 몸은 피곤했지만 마음은 늘 즐거웠다. 힘들 때마다 보약을 먹고 있다고 긍정적으로 생각하니 더 많은 도전에 늘 목이 말랐다. 미국에 온다고 영어가 무조건 되는 건 절대 아니다. 준비되지 않은 유학은 많은 부작용을 낳는다. 영어를 하면 무언가가 될 수 있다는 막연한 생각보다 무엇 때문에 영어를 공부해야 하는지 정확한 목표가 있어야 한다. 목표가 없으면 영어 공부의 흥미도 없어지고 오랜 시간 체류하다 보면 한국으로 돌아갈 용기도 사라져 불법체류를 하는 경우를 많이 봤다. 유학은 단 한 순간도 긴장감을 놓치면 같은 시간을 투자해도 결과는 완전히 다르게 나온다. 기억해보니 나의 두려움 없는 도전은 미국 유학에서 맨땅에 헤딩한 경험이 바탕이 된 것 같다. 남들이 포기하고 외면한 일에 끝까지 승부를 보는 강한 근성은 젊어서 사서한 고생의 밑천이 되었다. 그리고 약 1년 뒤 나는 한국으로 돌아와 한국축구 역사상 첫 국제심판이 되었다.

• • • • •

사람들은 자기가 할 수 없으면 남들도 할 수 없다고 쉽게 판단한다.
내 스승마저도 나의 꿈을 이야기 할 때마다
"꿈이 크면 실망이 크다.", "현실에선 불가능하다."라며
김빠지는 조언을 수없이 했다.
나는 주변의 부정적 고정관념을 바꿔주고 싶었고
나의 꿈에 그들의 시나리오를 붙이고 싶지 않았다.

"최초가 기억되는 이유는
도전에 목적이 있기 때문이고,
2등이 기억되지 않는 이유는
명성에 도전하기 때문이다."

04
간절하고 절실하라, 그러면 이루어진다

내가 꿈꿔온 월드컵은 국제심판 입문 3년 만에 이루어졌다. 국제
심판 입문 첫 해에 아시아의 모든 경기 결승을 뛰며 여자심판 랭킹
1위가 되었다. 내가 활동하던 당시 중국, 북한, 일본 등 여자 축구
강국에서 많은 심판들이 국제무대에서 활동하고 있었다. 또한 그
당시 한국 여자 축구 수준은 다른 나라에 비해 한 수 아래여서 더욱
이 심판은 지고 싶지 않았다. 한국에서 워낙 남자경기로 트레이닝
되어있던 나는 그들과 많은 차이를 보였다. 그 당시 한국은 남녀 심
판 모두 월드컵 주심이 한명도 없었다. 내가 1999년 FIFA미국 여자
월드컵에 배정받았을 때 한국인 최초로 월드컵 주심이 된 기록만으
로도 의미가 컸다. 기억하건데 그날은 모든 매스컴에 초점이 되었

던 상황이라 나의 월드컵 배정은 큰 뉴스거리였고 심판에 종사하는 모든 분들이 자기 일처럼 축하해 주셨다. 나는 북한, 일본 부심과 한 조를 이뤄 심판 배정을 받았다. 이미 많은 준비로 두려움보다 설렘이 앞섰다. 미국에서 ABC수준의 영어능력으로 좌충우돌 하던 게 엊그제 같은데 월드컵 심판으로 4년 만에 미국에 다시 입국하니 감회가 새로웠다. 호텔에 도착하니 6개 대륙의 국제심판들이 모두 도착해 있었다. 저녁에 레스토랑에 가니 아시아 심판들은 월드컵이 처음이라 생뚱맞게 테이블에 앉아 멀뚱멀뚱거리며 이방인 같이 굴고 있었다. 전 세계에서 온 여자심판들은 각 테이블마다 삼삼오오 모여 영어가 아닌 수많은 언어로 서로 소통하고 있었다. 특이한 것은 그 당시 세계 최고의 심판들 테이블로 모든 심판들이 찾아가 인사하는 진풍경이 벌어졌던 것이었다. 모두가 그녀들에게 상당한 존경심과 부러운 시선을 보내고 있는 듯했다. 특히 아시아 심판들은 영어에 알레르기가 있어 그 당시 특별히 영어를 잘 하는 심판들이 없었다. 나는 기죽어 있는 아시아 심판들이 보기 싫어 큰 소리로 한 경기만 끝나면 다들 우리 테이블로 인사하러 올 테니 두고 보라고 이야기했다. 사실 자신도 있었다. 그 말대로 나의 첫 경기인 독일과 멕시코 경기가 끝난 뒤 심판 감독관들은 나에게 칭찬을 하였고 인사 한번 하지 않았던 다른 대륙의 친구들이 내 테이블로 몰려오기 시작했다.

아시아 심판들의 기를 좀 살려주려고 나는 첫 경기를 죽기 살기로 뛰었다. 처음에는 배정이 없어 불안해하며 호텔에서 TV중계를 보며 세계 최고의 심판들의 장단점을 기록했다. 또한 한국에서 이리저리 치이며 차별받는 게 이골이 나 세계대회에서 만큼은 차별 드라마의 주인공이 되고 싶지 않았다. 선수출신이라 경기를 빠른 시간에 읽어 선수들의 움직임, 전술, 볼의 방향이 보였고 남자경기에 비해 여자경기 속도가 느려 경기를 장악하기도 쉬웠다. 나는 부상선수에게 무조건 일어나라고 윽박지르는 다른 심판과는 다르게 스트레쳐(부상자를 싣는 들것)가 필요한지 혹은 일어나 경기를 할 수 있는지 선수들에게 친절하게 물어봐 주었고, 심각한 상황이 아니면 경고를 줄 때 웃으면서 경고를 받게 된 상황을 이해시켰다. 여자경기에서는 잡고 당기고 미는 반칙이 많았는데 이때마다 심판이 휘슬

❖ 2000년 시드시 올림픽 3-4위전에서

을 분다면 큰 사거리의 교통 경찰관보다 더 많이 불어야 했을 것이다. 가뜩이나 남자경기에 비해 스피드와 기술이 부족한 여자경기에서는 치명적인 일이었다. 하지만 많은 여자 심판들은 존재감을 알리려는 듯 험한 얼굴을 하며 계속 휘슬을 불어 대었고 나는 웬만한 파울은 양쪽 다 휘슬을 불지 않고 경기를 재미있게 과열시켰다. 그 덕에 첫 월드컵 결승전에 배정이 확실시되었지만 미국과 중국의 결승전에 같은 아시아 대륙 심판이 들어온다는 미국의 강력한 항의로 3-4위전 주심으로 만족해야 했다. 월드컵이 모두 끝나고 FIFA에서 여자 월드컵 빅3 심판을 발표했고, 그 중엔 내 이름도 포함되어 있었다. 나는 1999년 미국 월드컵을 끝내고 한국에 돌아와 프로경기에서 다시 활발하게 활동하였고 다음해인 2000년 시드니 올림픽에서는 아시아 여자 주심 최초로 올림픽 심판 배정을 받을 수 있었다. 지금은 팀 수가 늘었지만 그 당시 올림픽은 게임 수가 적어 월드컵보다 더 적은 수의 심판들이 배정을 받았다. 나는 올림픽 첫 경기부터 세계랭킹 1, 2위였던 미국과 노르웨이 경기에 주심으로 투입되었다. 나는 1년 전만 해도 아시아에서 온 관심 없는 심판에서 세계 최고의 경기에 FIFA가 망설임 없이 배정하는 최고의 심판이 되었다. 올림픽에서 더는 빅3 없이 only one이 되겠다는 생각으로 최선을 다해 준결승, 3-4위전 등 올림픽에 온 심판 중 가장 많은 경기의 주심이 되었다. 내가 1라운드에 주심을 본 미국과 노르웨이가 결승에서 다시 만나 금메달과 은메달을 다투었지만 같은 경기에 두 번 주심으로 배정받는 사례가 없어 결승을 놓쳤다. 사실 축구에서 월드컵은 선수나 심판들의 꿈의 무대이다. 짧은 국제심판 경력에 두 번의 월드컵과 올림픽 그리고 세계 최초 FIFA U-17 남자 세계대회, 남자 프로축구 전임심판 등 나열하기 힘든 세계 기록을 만들며 나는 끝없는 도전을 해왔다. 내가 원한 운명은 아니었지만 도전이 커지면 커질수록 더 많은 준비가 필요했다. 도전할 때 준비가 어설프면 실패하고 두 배, 세 배로 더 힘들어짐을 경험했기 때문이다. 그래서 어떠한 도전이든 무리가 따를 정도로 많은 준비와 집중을 하는 것이 습관이 되었다. 세상 밖에 비쳤던 내 화려한 모습만 보고 제2의 임은주를 꿈꿨던 많은 후배들이 실패했다. 내가 그들에게 보인 모습은 90%의 좌절과 고통 속에서 만들어진 10%였다. 시간이 날 때마다 특강을 통해 후배들과 소통하며 위로보다는 90%의 내 좌절과 고통을 나눈다. 많은 후배들이 모두 성공하고 싶어하지만 세상은 그리 만만치 않다.

· · · · ·

경쟁은 갈수록 치열해지고
공부 1등이 사회 1등이 아닌 것처럼
운동 또한 금메달리스트가 사회에서도 금메달 인생을 보장 받는 것은 아니다.
경기에 규칙이 있듯 사회에서 성장하기 위해서는
은퇴 후 이름 빼고 다 바꿀 준비를 해야 한다.
대접만 받던 우리들이 낯선 사회에서 이방인으로 살다가
낙오자가 되는 것을 많이 봐왔다.
준비 없는 출발은 아무것도 기대할 수 없음을 알아야 하고
메달을 위해 치열하게 경쟁했다면 사회에서는 모든 것이 더욱 간절해야 한다.

"나는 평생을 누군가에게 잘 보이기보다는
내 자신에게 부끄럽지 않기 위해
노력해 왔다."

05

인생을 바꾼 첫 프레젠테이션

국제심판의 은퇴는 만 45세이다. 국제심판으로 승승장구하던 7년 전 나는 갑자기 회장 직권으로 아시아 축구연맹 심판위원으로 임명되었다. 조금 혼란스러웠지만 현역 심판을 함께 할 수 있다는 조건으로 이를 받아들였다. 사실 현역 심판인 동시에 국제심판위원이나 심판감독관의 역할을 맡는 경우는 남녀를 불문하고 세계적으로 처음 있는 일이었다. 현재까지도 이런 특별한 경우는 없다. 국제심판위원은 은퇴한 심판과 감독관들의 꿈이다. 그러니 현역인 나에게 주변 남자들의 시기가 만만치 않았다. 과감한 결단이 필요한 상황에서 나는 국제심판 조기 은퇴를 선택하였다. 문제는 내 나이가 너무 어리고 세계 정상에 있다는 사실로 많은 사람들이 은퇴를 반대

했다는 것이다. 사실 그 누구도 나의 은퇴를 원하지 않았고 나 또한
준비가 되어 있지 않았다. 그러나 어차피 할 심판위원이라면 지금
의 혼란을 막기 위해 빠른 결정이 필요했다. 직접 쓴 자료를 각 신
문사에 내고 과감히 은퇴를 선언하였다. 국내와 국제에서 많은 반
대가 있었지만 끝까지 밀어붙여 세계 여자심판 최초로 대륙의 심판
위원이 되었다. 사실 준비되지 않은 은퇴를 결정한 후 한동안 이를
받아들일 수 없어 심한 공황증에 시달렸다. 병원을 다니며 상담을
받고 약을 먹었던 생각도 하기 싫은 몇 달이었다. 그러나 생각해보
면 국제심판으로서는 할 수 있는 모든 것을 해냈다. 메이저 경기를
뛰어넘어 많은 국가의 초청경기를 즐기며 올림픽과 월드컵, 심판으
로서의 그랜드 슬램을 달성했다. 경기의 횟수만 거듭 갱신하는 것

❖ 2003년 미국 여자 FIFA 월드컵 북중미 심판 친구들과 함께

은 큰 의미가 없었다. 슬슬 또 다른 도전에 목말라 있었던 나는 국제경기에서 쌓은 현장 경험을 행정으로 옮겨 제2의 임은주를 아시아에서 키우겠다고 생각을 바꿨다. 모든 위원들이 각 나라 축구 협회장인데다 나와 20살 이상 나이 차이가 났고 여자가 나 혼자라 홍일점이기도 했다. 첫 심판 위원회 미팅에 참석했던 기억이 난다. 경기장에서 성장해 온 나는 심판의 기술적인 부분이나 현실적인 발전방안이 머릿속에 무척이나 구체적으로 수립되어 있는 상태였다. 그래도 첫 회의 때는 분위기를 익히기 위해서 침묵한 채 회의에 참석하고 있었다. 모든 회의 아젠다가 위원장이 원하는 방향에 전원 동의하는 분위기로 흘러가고 있었다. 수긍이 가는 내용도 있었지만 전혀 아닌 것도 있었다. 하지만 회의 내내 위원들은 침묵하며 모든 내용에 찬성만 하는 태도를 보며 나는 이건 아니라는 생각이 강하게 들었다. 나의 의견이 목구멍을 타고 터져 나오는데 억누르느라 무척이나 힘들었다. 나는 평소 토론을 좋아하고 직위의 고하를 막론하고 발전적인 방안을 논의하는 것을 무척이나 즐긴다. 현장의 노하우가 있는 나로서는 심판에 관한 발전방안에 대해 많은 아이디어가 있었다. 첫 회의는 아무도 의견을 내지 않아 위원장의 일방적인 발언만 듣고 끝났다. 몇 달 뒤 두 번째 미팅에 참석하게 되었는데 그때도 같은 분위기였다. 남자 심판들에 대한 아젠다만 다루어지고 여자 심판 문제는 단 한마디도 없이 끝났다. 사실 그동안 현장에서 여자 국제심판들에게 애로사항들이 있었지만 심판감독관들이 모두 남자고 국적도 달라 상의를 못했었다. 기타 건의 사항에서 위원장에게 이야기하기 위해 마이크를 켜는데 오늘은 회의시간이 길어졌으니 다음에 이야기하라며 노골적으로 무시했다. 순간 화가 난 나는 나도 위원인데 존중해 달라고 강한 어조로 위원장에게 말했다. 위원장 입장에서는 얼마 전만 해도 자신이 가르치던 국제심판 중 하나였던 나에게 존중감이 많지 않았던 것 같다. 끝까지 열을 올리니 미팅에 함께 참석했던 AFC(아시아축구연맹) 회장님이 왜 의견을 내지 못하게 하냐고 화를 내시며 내 편을 들었다. 분위기상 긴 이야기가 불가능해 보여 회의가 끝나고 나가는 회장님을 따라가 할 이야기가 있다고 말하니 흔쾌히 회장실로 오라고 했다. 회장실에 들어가니 경기장 입장 때보다 열배는 더 떨렸다. 사실 현역 심판일 때는 누가 아시아축구연맹 회장인 줄도 몰랐다. 아니 관심도 없었다. 나를 회장님이 위원으로 추천했던 것도 한참 뒤에 알았다. 회장실에 가니 회장님이 반가운 얼굴로 오늘 아주 잘했다고 칭찬을 하셨다. 앞으로도 할 말이 있으면 과감히 하라며 격려까지 해 주셨다. 회의 때마다 여자 심판에 대한 발전방안을 전혀 다루지 않으니 회장님이 기본적으로 알고는 있어야 할 것 같아 준비해 간 페이퍼를 회장님에게 전달했다. 페이퍼를 받은 회장님은 그 자리에서 소리 없이 다 읽어 보더니 나에게 이 내용을 내일 프레젠테이션 해 줄 수 있냐고 물었다. 너무 놀라 싫다고 했다. 회장님은 자기만 들을 테니 부탁한다고 거듭 사정했다. 그러면서 회장님께서는 아시아 심판에 대한 발전방안에 기대가 많고 내가 그 역할을 해 줄 것에 기대를 한다고 말씀하셨다. 더는 거절할 수 없어 허락을 했지만 호텔로 돌아온 뒤 호떡집에 불이 났다. 우선 아시아축구연맹에 근무하는 한국인 후배에게 노트북을 빌려 프레젠테이션을 만들고 호텔 방에 있는 꽃병을 들고 아침까지 연습을 하였다. 한숨도 자지 않았는데 피곤하기는커녕 시간이 다가올수록 너무 떨렸다. 뜬눈으로 밤을 새우며 프레젠테이션을 완성하여 퀭한 눈을 가지고 아시아축구연맹으로 아침 일찍 가보니 직원들이 이미 프레젠테이션을 위해 모든 세팅을 해 두었다. 한국인 직원들은 나에게 무슨 일이냐고 물으며 궁금해했지만 하도 떨려 대답할 힘이 없었다. 잠시 후 회장님이 들어오고 뒤에 피터 벨라 판 사무총장이 따라 들어왔다. 오 마이 갓, 제일 높은 사람 둘이 넓은 회의실로 들어오니 숨이 꽉 막혔다. 회장님은 조용한 목소리로 오늘 프레젠테이션을 준비해 줘서 고맙고 우리는 입

❖ AFC(아시아축구연맹) 남성 심판감독관 교육에서 심판감독관 동료들과

에 지퍼를 달고 한마디 질문 없이 듣기만 하겠으니 편하게 하라고 이야기했다. 간단한 아침 인사말을 하고 첫 설명을 하기 전에 두 분께 질문을 했다. "따님이 있나요?" 두 분 모두 놀라서 일단 있다고 대답하셨다. 그러면 여자들이 한달에 한번 매직에 걸리는 것을 아냐고 질문을 다시 했다. 나이 많으신 사무총장님은 단번에 알아 들으셨는데 아랍분인 회장님은 무슨 말인지 모르는 표정이었다. 생리라는 말을 단도직입적으로 하기 쉽지 않아 돌려서 했는데 다행히 사무총장이 회장님에게 설명하여 이해시켰다. 나는 이어 당신 딸이 한여름 매직에 걸려 38도가 넘는 날씨에서 심판을 보면 어떨 것 같냐고 물었다. 심판감독관이 모두 남자라 생리를 해도 배정을 바꿔

❖ AFC(아시아축구연맹) 여성심판감독관 시절 여자 심판들과 함께

달라고 이야기할 수가 없다. 모두가 국제심판이라 서로 나라도 틀리고 문화도 틀린데 부끄러워 이야기할 수도 없고 더 큰 문제는 더운 날씨에 매직에 걸린 심판이 경기를 뛰면 컨디션이 나빠 좋은 경기를 만들어 낼 수 없다는 것이다. 심판도 문제지만 팀도 손해를 볼 수 있다며 나는 이 문제에 대한 심각성을 설명했다.

두 번째는 각국마다 축구 레벨이 틀려 심판도 "엘리트 심판"을 운영해야 한다는 설명을 했다. 어떤 나라는 자기 국가에서 한 경기도 치르지 않고 체력 테스트로만 국제심판이 되는 문제점이 있어 아시아 심판들의 레벨 차이가 심한 상황이었다. 그날 나의 프레젠테이션이 끝나고 회장님은 많은 충격을 받은 듯 했다. 그동안 심판위원장의 보고만 받고 현장의 문제점을 알지 못한 상태에서 처음으로 전반적인 이야기를 듣고 사무총장에게 즉석으로 몇 가지를 확인하더니 내게 한 번 더 프레젠테이션을 해줄 수 있냐고 부탁했다. 모든 직원들이 다 듣게 하고 싶다는 것이다. 나는 죽어도 두 번은 못한다고 난리를 쳤다. 회장님이 너무나 간곡하게 부탁을 하니 사무총장과 주변에 함께 있던 직원들이 합창을 해 어쩔 수 없이 또 많은 사람 앞에서 같은 내용으로 한 번 더 하게 되었다. 그 이후 회장님은 다른 미팅에도 나를 참석하게 하여 아시아 축구의 현황과 비젼을 공유할 기회를 많이 주셨다. 그날 산전수전 다 겪은 나의 프레젠테이션은 결국 아시아 여자심판들에게 여자감독관을 선물하였고 그 덕에 현재 많은 여성들이 감독관 교육을 받고 활동할 수 있는 계기가 되었다. 또한 엘리트 심판 시스템도 현재까지 운영되고 있다.

이후 나는 회장님과 메일을 통해 내가 가진 아시아 축구 발전방안을 수시로 공유하며 그의 공약을 도왔다. 회장님이 아시아축구연맹으로 들어와 함께 일하자고 강력하게 요구했지만 한국에서 하는 일도 만만치 않아 거절하고 호주에 있는 친구를 소개시켜 일하게 했다.

사람들은 흔히 성공하기 위해 줄을 잘 서야 한다고 말한다. 그러나 그 성공이 누구를 위한 것인지 묻고 싶다. 성공은 결국 나를 위한 것이다. 성공은 결과보다 그것을 이루는 과정에서 가치를 찾아야 한다. 남의 줄에 선다는 것은 과정 없는 결과만 원하는 것이다. 결과가 뻔히 보이는 드라마는 재미가 없다. 그래서 우리는 반전 드라마를 원하는 것이다.

· · · · ·

예전에는 최선을 다하면 그것이 정답인 줄 알았다.
그러나 세상은 내가 배워온 것과 다른 답을 요구했다.
최선보다 결과로 모든 것을 평가하기에
성실함보다는 더욱 많이 지능적이어야 했지만
나는 주변의 한숨을 들으며 고지식하게 나답게 살아왔다.
줄이 없다면 답은 간단하다.
세상이 요구하는 답이 아닌 내가 세상의 답이 되면 되는 것이다.

"도전 앞에서 망설이는 사람들은
아직도 배가 부른 것이다."

06

아직도 배부른 선택

"큰일 났네요. 닥터 아네사가 갑자기 못 온다고 연락이 왔어요."

한국여성 체육학회에서 국제 세미나를 준비 중이었다. 아시아 여러 대학의 교수들을 초청했고 세미나는 정확히 일주일이 남았다. 위원장이신 홍양자 교수님이 누가 대신 발표해 달라며 모인 몇 명의 교수들에게 부탁하였다. 교수님 자신도 이미 발표자에 포함되어 두 번 발표하거나 취소를 할 수 있는 상황이 아니었다. 다들 영어로, 더군다나 그분이 맡은 제목에 맞춰 발표를 해야 하니 부담스러워했다. 순간 '내가 해볼까? 아니야, 미쳤어. 실수하면 어떡해.'라며 나도 같은 고민을 하고 있었다. 하지만 한편으로 생각해 보면 이렇게 펑크 난 자리가 아니면 내게 무슨 기회가 있겠나 싶어 "제가

해도 괜찮을까요?"라고 물었다. 교수님은 많이 불안한 표정이셨지
만 상황이 상황인지라 나는 국제 세미나에서 발표할 기회를 가질
수 있었다. 내가 준비한 테마가 아니라 발표 자료를 무조건 외워야
했는데 나는 암기에는 문제가 많았다. 스스로 생각해 계획하고 행
동하는데 익숙해 남의 것을 흉내 내는 데는 재주가 영 없었던 것이
다. 발표 당일까지도 인사말만 외우고 올라섰다. 순서를 기다리는
데 국제 학술 세미나가 처음인 나에게 교수님 한 분이 옆에 와 심호
흡 크게 하고 자신 있게 하라고 격려했다. 사실 나는 이미 많은 관
중 앞에서 경기를 해와서 자신감은 둘째가라면 서러울 판이었다.
사회자가 내 이름을 불렀고 나는 무대로 올라가 간단한 인사말과
함께 준비한 비디오를 보며 시작하겠다고 말했다. 그런데 세미나

❖ 한국여성 체육학회 국제 세미나에서 대타 발표를 하며

직전에는 잘 나오던 비디오가 전혀 작동이 되지 않았다. 나도 조금 당황했고 앞 줄 VIP들과 사회자는 당황한 기색이 역력했다. 결국 비디오가 나오지 않아 프레젠테이션을 바로 시작했는데 갑자기 무대에 불이 꺼지고 내 단상과 프레젠테이션 화면 쪽만 불이 들어왔다. 가뜩이나 촘촘하게 쓰여 있던 영어 원고를 읽다 줄을 잊어버렸다. 또 한 번의 침묵이 흐르고 나는 읽어야 할 줄을 찾을 수가 없었다. 계속해서 나오는 실수와 준비한 원고를 프레젠테이션에 맞춰 줄줄이 읽어야 하는 형식, 관심도 없이 교수들 강압에 못 이겨, 와서 앉아 졸고 있는 학생들을 보는 것도 불편했다. 다시 빨리 읽던지 다른 방법으로 내 순서를 마쳐야겠다는 생각에 무대에 불을 켜 달라고 주문했다. 그리고 읽다가 줄을 잊어버렸다고 솔직하게 이야기했다. 강단은 순식간에 웃음바다가 되었다. 괜찮다면 원고가 아닌 내가 경험한 스포츠외교를 자유롭게 말하고 싶다고 했다. 학술 세미나와 형식이 맞지 않더라도 내 경험이 여기 오신 분들에게 도움을 줄 수 있고 공감대도 만들 수 있다고 말했다. 학생들은 환호하고 앞줄 발표자들도 반겼다. 워낙 형식을 좋아하지 않는 나를 잘 알고 있던 한국 교수들은 조금은 불안해했다. 마이크를 뽑아 단상을 벗어나 무대 중앙으로 걸어갔다. 그리고 조용히 아주 차분하게 이야기를 했다. 내가 지금부터 하는 영어가 발음이 좋지 않고 문법이 틀려도 당신들이 들어야 하는 이야기의 이해도는 떨어뜨리지 않을 것이라고 말했다. 스포츠외교를 하는데 많은 장애물들이 있다는 말과 함께 현장에서 겪었던 문제점과 해결책을 설명하니 앞줄에 앉은 이란 교수는 맞다며 즉석으로 호응도 하였다. 그날 세미나가 끝나고 일본, 이란, 태국, 방글라데시 교수들과 한국인 교수들은 모두 맞는 말이라며 자기가 겪은 애로점에 대해서도 한참 이야기 하였다. 그날은 나의 독무대 같은 시간이었지만 당사자인 나는 첫 국제 세미나가 홍역을 치른 느낌이었다.

누구에게나 첫 경험은 있다. 도전할 환경이 나에게 주어지든 아니면 내가 직접 환경에 도전하든, 중요한 것은 준비되지 않은 첫 경험은 좌절과 두려움을 남기지만 준비된 경험은 설렘과 또 다른 기회를 준다는 것이다. 나는 많은 세미나를 청중의 입장에서 들어왔다. 무대에 있는 강사들의 이야기를 듣다 보면 늘 경험이 없는 이론적 발표여서 재미가 없었다. 내가 발표를 하면 내가 하고 싶은 이야기가 아니라 청중들이 듣고 싶은 이야기로 서로 소통하겠다고 결심한 적이 있었다. 국내 세미나 발표 경험을 바탕으로 국제 세미나를 준비했으면 더 완벽했겠지만 지금은 처음부터 국제 세미나 기회가 왔던 것을 감사하게 생각한다. 나는 그 이후에도 꽤 많이 펑크 난 자리를 때우거나 급박한 발표의 주인공으로 등장했지만 단 한 번도 실망하거나 절망하지 않았다. 이상하리만큼 나는 발표 후에 좋은 사람들과 인연을 맺을 기회들이 많이 생겼다. 얼마 전에 광주 유니버시아드 조직위에서 세계스포츠미디어(AIPS) 회장과 사무총장을 초대해서 국제 세미나를 가졌다. 나는 역시 급박하게 토론에 합류해 세미나에 참석하게 되었는데 끝나고 난 뒤 만찬에서 과묵한 참석자들 덕에 회장과 이러저러한 이야기를 할 기회가 생겼다. 그 이후 회장과 사무총장이 이탈리아와 호주로 돌아가 나에게 연락을 했다. 그들과 한국에서의 인연 이후 자주 연락하게 되었고, 얼마 전에는 AIPS의 가장 큰 프로젝트인 〈Young Generation Reporters Programme〉의 멘토링 강사로 U-17 FIFA여자 세계대회 기간에 초대되기도 했다.

　준비된 잔치는 늘 뻔한 스토리가 존재한다. 인생도 마찬가지이다. 예상치 못한 상황들이 우여곡절은 더 많아도 나를 성장시키는데 더 큰 역할을 한다. 이러한 이유 때문에 나는 크건 작건 펑크 난 자리에 대타로 섰지만 늘 팀에서 원하는 9회 말 투아웃 홈런을 쳐 주었다. 지금은 내 위치로 성장했지만 아직도 나는 불확실하고 리스크 많은 일들이 좋다.

· · · · ·

어릴 적 나의 도전은 선택이 아닌 죽느냐 사느냐의 운명이 걸린 현실이었다.
이 도전의 문고리를 잡고 여는 순간 무엇이 나를 기다리는지 두려웠지만
나는 늘 선택의 여유가 없었다.
폭풍 같은 두려움과 함께 늘 새로운 도전을 해왔다.
감당하기 버거운 것이 다반사였다.
하지만 지금 이 순간에도 나는 새로운 도전의 문고리를 잡고 있다.
달라진 게 있다면 같은 조건이라도 지금은 두려움이 설렘이 되었다는 것이다.

"달리다 보면 목표에 도착하지만
그때 흘린 땀은 길이 된다."

07

도전할 때 가장 강한 놈을 선택하라

경기를 앞두고 긴장된 상태로 선배들과 미팅 중이었다. 누군가가 심판 락커룸을 열고 들어와 누가 오늘의 경기 주심인지를 물었다. 어려 보이는 외모의 그는 나이 많은 선배들에게 무척이나 건방지게 반말을 이어갔다. 일반적으로 심판 라커룸은 관계자 외 입장이 금지된 곳이었다. 나는 불청객인 그에게 화가 났고 라커룸에서 나가줄 것을 요구했다. 꽤 험악한 상황이 만들어졌다. 알고 보니 그는 우리 경기 중계 해설자였고 건방지다고 이 바닥에 소문이 나 있었다. 그 후로 그는 내 경기의 해설을 볼 때마다 나를 오심 심판으로 만들곤 했다. 경기 후 집에 오는 길에 늘 당하고 사는 심판인 것이 화가 났고 은퇴 후 그보다 더 훌륭한 해설자가 되어 이 치욕스러움을 잊겠다고 맹세했다. 경기가 끝나면 많이 피곤했지만 매 경기를 집에서 모니터링 하면서 아무거나 손에 잡히는 것을 들고 해설 연습을 했다. 그 덕에 은퇴 3년 뒤 MBC에서 세계 최초로 남자 월드컵 여성 해설자가 되어 2006년 독일 월드컵 해설을 할 수 있었다. 처음에는 쉽지 않았다. 월드컵에 가기 전 워밍업으로 국내에서 국제경기를 해설하게 되었는데 처음에는 3명이 함께 해설하는 방식이라 적응이 되지 않았다. 서로 사인이 맞지 않으면 말이 엉킬 수도 있었고 두 사람의 대화 도중에 치고 들어가지 못해 시작 후 7분 넘게 입을 열지도 못한 적도 있다. 첫 방송이 끝나고 스포츠국 국장님이 나를 따로 불러 해설의 노하우를 가르쳐 주셨다. 가장 기억에 남는 말은 배짱 있는 임은주답게 하라는 것이었다. 처음에는 방대한 자료

❖ K리그 프로축구 경기해설 중 동료 해설자와 함께

를 프린트해서 무엇이든지 설명할 준비를 했지만 천만의 말씀이었다. 빠르게 움직이는 선수와 볼, 그리고 상황을 설명해야 하는데 자료에 눈길 한 번 줄 시간도 없었다. 월드컵을 위해 독일로 출발하는 해설 조가 3개로 나누어졌다. 차범근 감독님이 메인인 1조, 서형욱 위원이 2조, 그리고 3명이 한 조인 우리였다. 경기 스케줄이 나오면 가장 인기 없는 팀이 우리 몫이었다. 한국에서도 볼 수 없는 새벽 시간에 중계되어 국민들이 다 자고 있을 때 내 목소리를 듣겠다고 가족들은 뜬 눈으로 밤을 새웠다. 가끔 듣도 보도 못한 팀에 선수 개인의 이름이 열 글자를 넘어 이름을 말할 때마다 발음이 꼬이기 일쑤였던 적도 있다. 또한 볼 잡은 선수의 이름을 반도 이야기하지 않았는데 이미 볼 터치가 세 번이나 되어 다른 곳으로 패스가 되고 있기도 했다. 골이 들어가면 너무 흥분해 소리를 크게 질러 목소리가 쉬기도 했다. 방송국 동료 해설자와 다른 방송국 해설위원들의 노하우를 알기 위해 주변을 서성이니 모두 준비한 페이퍼가 두 장을 넘기지 않았다. 처음에는 자료를 너무 많이 찾아 책 두께만큼 들고 해설을 했는데 순간적으로 빠르게 움직이는 선수와 볼을 보랴 자료 보랴 무슨 말을 했는지 기억이 나지 않을 정도였다.

해설은 장면에 대한 정확한 설명과 타이밍이다. 해설을 계속 하다 보니 가장 좋은 방법은 학생들같이 예습, 복습으로 경기 전 팀 분석, 경기 후 모니터링으로 부족한 부분을 채워나가는 것이었다. 선수 이름은 당연히 외워야 하고 모든 정보와 상황을 머리에 넣어 두고 시작해야 하는 것이다. 해설자가 축구를 좀 안다고 게으르게 대충 자리에 앉아 떠든다는 생각은 오산이다. 볼이 경기장을 벗어나거나 교체선수로 시간이 지연될 때에도 경기의 이해도를 높이기 위해 어떤 멘트를 해야 하는지, 시청자가 원하는 눈높이 해설은 무엇인지에 대한 고민이 중요했다. 나는 월드컵의 좋은 추억과 경험을 가지고 이후에도 광주 MBC와 3년 동안 K리그 해설을 했다. 지방 방송국 특유의 가족같은 분위기와 더불어 한 명의 아나운서와 팀워크를 계속 맞추니 해설 타이밍이 완벽해질 수 있었다.

해설을 하게 된 계기는 우연한 상황이 만든 기회였다. 하지만 나는 평생 작은 기회가 와도 내 열정을 다해 도전했다. 나의 분노에 활을 당긴 그 사람은 여러 문제를 일으키다 결국 일을 그만 두었다.

· · · · ·

그날 이후 배운 것은 상황이 서러울수록 징징거리지 말고,
늘 선의의 경쟁으로 상대를 반성케 하라는 것이었다.
분노를 열정으로 바꾸어 준비하고 도전하면
세상을 가질 수 있다는 것을 알게 되었다.

CHAPTER 2

인생의 프로가 되기 위한 열쇠들

"성장을 위해서
유명 팀의 벤치선수가 아니라
늘 필드에서 달릴 수 있는
팀을 선택하라."

"우리의 인생은 선천성과 후천성이라는
두 개의 히든카드로 이뤄져 있다.
선천성 환경이 좋지 않다면
남은 후천성 노력에서 인생의 역전을 꿈꿔라."

08
인생 앞에서 징징대지 마라

지독한 사춘기를 보냈다. 지금의 내 모습으로는 상상할 수 없는 처절한 방황과 반항의 시절이었다. 나의 10대는 치가 떨릴 정도로 외로웠다. 초등학교 4학년, 중학교 1학년 때 부모님이 3년차로 모두 돌아가셨다. 나보다 더 어린 동생, 고3인 언니, 그리고 군대 가 있던 오빠……. 어떤 단어로도 형용할 수 없었던 막막함이었다. 추운 겨울 세상에 내동댕이쳐진 것처럼 우리 모두가 아주 많이 힘들었다. 중학교 때는 반항심이 크고 말이 많지 않았던 것 같다. 누군가 내가 부모가 없다는 것을 등 뒤에서 이야기하는 것 같아 계속 뒤돌아보게 되었고 담임선생님이 좀 챙겨 주겠다고 따로 불러 하는 위로는 사춘기를 겪는 나의 자존심에 비수를 꽂는 것 같았다. 우리 때 학교에서는 부모님이 있는지 없는지, 직업은 무엇이며 재산은 얼마인지 등 왜 그리 알고 싶은 게 많았는지. 지금 생각해 보면 인권이 전혀 없는 무풍지대였다. 그런 학교가 가기도 싫고 멀기도 하여 지각을 많이 했던 기억도 난다. 나는 재수 없게 상도동에서 강남에 있는 신생 중학교에 입학하게 되었다. 있는 집안의 아이들이 다니던 학교이다 보니 아파트에서 5분 안에 학교를 걸어오던 친구들이 많았다. 그러나 나처럼 출근길에 버스 차장 배에 대롱대롱 매달려 문도 못 닫고 짐짝처럼 사람들이 쑤셔 넣어진 버스를 두 번이나 갈아타고 학교를 오는 운 없는 친구들도 몇 있었다. 당연히 지각 횟수가 많아졌고 담임은 교복 입은 우리를 칠판에 엎드리게 해서 지금 같으면 상상도 할 수 없는 매를 들었다. 가뜩이나 사춘기로 접어든 내 입장에서 친구들 앞에서의 매는 모멸감이 들 정도였다. 모든 친구들이 다시는 지각하지 않겠다고 말하고 한 대 맞고 들어갈 때, 지각에 대한 자신감도 없고 반항심이 컸던 나는 항상 친구들과 같은 대답이 아닌 "약속할 수 없습니다. 내일 일어나 봐야 알겠습니다."라고 담임을 열 받게 해 아침마다 매를 벌었다.

  암울한 중학교를 졸업하고 우여곡절 끝에 체육고등학교에 뒤늦게 들어갔다. 이미 삐뚤어진 나의 자아는 고등학교에서 더욱 심해졌다. 살짝만 건드려도 터질 것 같은 뇌관처럼 학교를 다니며 선후배가 엄격한 체육고등학교에서 선배들도 무서워하는 존재가 되었다. 두 번의 퇴학을 겨우 피하고 대부분 학생과에서 반성문을 쓰던 기억만 나니 제대로 학교를 다니지 않은 것은 맞는 것 같다. 이런저런 사건으로 가족들, 특히 부모님 같은 존재인 언니의 눈에서 매일 피눈물을 뺐다. 그러던 어느날 자신의 모든 것을 포기하고 동생들을 위해 온종일 기도하던 어린 언니를 보게 되었다. 그렇게 나의 철없던 지난날이 부끄러워지기 시작할 때 나는 공부와 운동에 매진하게 되었다. 고3에 꽤 늦은 철이 들었지만 서울대가 목표일 정도로 나는 자신감을 보였다. 그러나 장학금이 보장된 특기자를 선택해야 하는 운명이라 선택의 여지가 없었다. 더욱 문제는 전국 꼴찌 팀인 우리 팀에서 특기자로 대학에 간다는 것은 하늘에 별 따기보다 더 어려운 상황이라는 것이었다. 매번 전국체전 예선을 1, 2차로 치렀는데, 운이 나쁘게 전국 1위 팀이 우리 지역에 함께 있었다. 예선전을 치르면 이기기는커녕 골수 줄이는 게 유일한 목표일 정도였다. 어느 날 경기를 하면 전국 1위인 상대팀 선수를 스카우트 하기 위해 많은 감독들이 예선전에 오고 있다는 것을 알게 되었다. 그러니 볼을 한 번도 못 잡는 공격수보다는 약한 팀에서 가장 눈에 띄는 골키퍼로 포지션을 바꿔야겠다는 생각을 했다. 그래서 생각과 동시에 과감하게 포지션을 바꿨다. 물론 지금은 골키퍼가 전문 포지션으로 기능이 뛰어난 선수를 선발하지만 그 당시 골키퍼는 아무도 하고 싶어 하지 않는 자리였다. 물론 서울에 있는 대학에 갈 수 있는 성적은 되었지만 나는 대학에 가기 위해 장학금이 필요했고 특기자 외에는 방법이 없었다. 또한 특기자로 스카우트가 되기 위해서는 감독들의 눈에 띄어야 했다. 나에게는 단 두 번의 지역 예선전이 마지막 기회였기에 죽기 살기로 연습에 연습을 거듭하였다. 예상대로 경기 중 우리 팀은 공격 한 번 못해보고 골키퍼로서 많은 선방을 했던 나만 두 팀 선수 중 유일하게 눈에 띄었다. 그리고 원하던 대학에 테스트를 받고 우여곡절 끝에 특기자로 입학을 하였다.

학교에서는 나의 대학입학이 기적이라고 말한다. (더 큰 기적은 훗날 내가 모교로 교생실습을 나왔다는 것이다.) 내가 봐도 기적이었다. 운도 따르긴 했지만 죽어도 대학을 가야만 한다는 절박함이 만든 결과물이었다. 오라는 곳은 없어도 내가 가고 싶은 곳이 있으니 팔자 좋게 감나무에서 감 떨어질 때까지 기다릴 여유가 없었다. 상처 많은 과거를 떠올리기도 싫고 이야기의 순서도 맞출 수 없을 만큼 너무 많은 일들이 있었다. 지금 생각해 보면, 위로받고 싶지 않았던 그리고 충분히 외로웠던 내 어린 시절이 지금의 근성을 만들어 준 것 같다. 근성은 환경이나 경험에서 만들어진다. 가정교육이나 학습으로 만들어지는 것이 아니다. 어린 시절 바닥을 치는 절망 속에서도 나는 포기하지 않고 내가 원하는 길을 향해 더디게 달려왔다. 불편한 환경, 결점 많은 성격이었지만 그 어느 것도 탓하지 않았다. 결점은 많은 도전 속에서 열정으로 바뀌었고, 나는 결점이 너무 많아 평생을 노력하며 살아올 수 있었다.

· · · · ·
어느 날 깨달은 것은
그 많은 결점은 또 다른 나의 매력이었다는 것이다.
세상에 죽어도 안 되는 일은 없다.
그렇기 때문에 어차피 안 될 운명이라면 세상을 향해 질러나 보자라는
확률 1%의 불확실한 도전과 무모함이
나를 축구심판의 달인으로 만들어 준 것이다.

"성장을 위해 유명 팀의 벤치선수가 아니라
늘 필드에서 달릴 수 있는 팀을 선택하라."

09
세상과 맞짱 떠라

대학교 4학년이 되면서 모두가 취업을 위해 동분서주했다. 사범대학이었지만 교사 자격증을 가지고 교사로 바로 취업할 수 있는 상황도 아니었다. 나는 친구들보다 일찍 여군 장교를 목표로 정했다. 운동부 특기자였기 때문에 365일 합숙 생활을 했고, 그래서 일반 학생들보다 개인 시간이 많지 않았지만 나는 팀에서 휴가를 줄 때마다 부지런히 자격증을 따러 다녔다. 운동만 해 온 나에게 자격증은 호기심 천국이었다. 전공도 다른 친구들과 교육받고 경쟁하며 자격증을 취득하는 것은 내가 시작한 도전의 첫발이였다. 적십자에서 발급하는 수상인명구조 자격증과 수영강사 자격증을 딸 때 너무 많은 교육생이 몰려 수영 테스트를 하였다. 사실 나는 수영을 전혀 배운 적이 없었지만 그래도 꼭 필요한 자격증이라 테스트를 받았고 수영장 물만 배부르게 먹고 보기 좋게 탈락했다. 사실 전문 운동선 수들은 모든 분야의 운동을 다 잘 할 것 같지만, 오히려 자기 종목 을 빼고는 다른 종목을 연습할 시간이 없어 전혀 못하는 경우가 많 다. 미련이 남아 탈락자가 집으로 모두 돌아간 후 합격한 친구들이 교육 받는 동안 땡볕에서 온종일 강사들에게 기회를 달라고 졸랐 다. 개인 시간이 거의 없는 내 입장에서 휴가를 값지게 쓰고 싶었 다. 여하튼 지성이면 감천이라고 다음날부터 강습을 함께 할 수 있 었다. 아침 9시부터 저녁 6시까지 밥 먹는 시간 빼고는 물속에서 거 의 나오지 못했다. 친구들이 50바퀴를 터닝 할 때 나는 수영장 물을 거의 다 마시며 익사 직전의 모습으로 겨우 10바퀴를 돌고 있었다. 나의 노력과 성의에는 강사들이 감탄한 것 같았지만 실력이 향상되 지 않으면 불편해 할 것이 뻔했다. 그래서 아침 수영장 문이 열리기 무섭게 달려가 수강생들이 다 돌아가고 껌껌해질 때까지 미친 듯 연습을 하니 어느덧 친구들과 같은 페이스로 균형을 맞출 수 있었 다. 많은 친구들이 빡센 훈련을 못 견디고 하나 둘 씩 빠지더니 자 격증 테스트 최종 날에는 수강생이 반도 남지 않았다. 한여름에 야 외 수영장 훈련과 저수지 테스트는 수강생 전체가 등 뒤에 화상으 로 고름이 흐를 정도로 고통스러운 시간이었다. 화상자국의 훈장 덕인지 자격증 테스트에서 홍일점으로 자격을 취득하고 난 후 나는 엄청 울었다. 저녁마다 숙소로 돌아오면 등 뒤에 고름이 터져 나와 선풍기 없이는 견딜 수 없을 정도로 고통스러웠고, 친구들 모두가 그건 따서 뭐하냐고 가지 말라는 이야기를 할 때마다 포기하고 싶은 마음이 99%였다. 아침에 눈을 뜨면 '그래, 오늘만 가자. 그래, 죽어도 수영장 안에서 죽자.'라는 마음으로 수영장을 향하던 생각이 난다. 첫 자격증을 너무나 혹독하게 딴 경험으로 나는 그 이후 도전한 모든 자격증은 단 한 번에 취득했고, 그때의 경험은 젊은 나의 인생에 가치의 중요성을 일깨워준 기회가 되었다. 그 덕에 4학년 때는 집에 거의 가지 못한 것 같다. 어느덧 졸업이 다가왔고 나는 준비했던 여군 장교에 원서를 내고 여유 있게 기다렸다. 1차는 학력고사 점수로 심사하겠다는 국방부 발표가 났다. 2차 체력 테스트에 자신감을 가졌던 나에게는 날벼락이었다. 나는 체육 특기자이기 때문에 학력고사 성적과 무관하게 대학에 입학이 되어 일반 학생들과 똑같은 성적의 잣대를 대면 당연히 낙방이었다. 1년을 준비해 왔고

❖ 대학 시절 적십자 수상인명구조자격증 연수 중 친구들과 함께

별명이 임소위로 불릴 만큼 친구들이나 나도 확신했던 일이 좌절되자 나는 앞이 캄캄해 졌다. 정신을 차리고 취업할 곳을 찾아보았다. 그러나 세상은 지방대 여학생인 나에게 많은 장애물을 놓았다. 또한 우리 때도 취업난은 심각했다. 대학을 졸업하고 4년 장학생, 좋은 성적, 많은 자격증을 가지고 취업에 임했지만 모든 직장은 군필자를 원했고, 원하는 직장은 고사하고 아무 곳에나 취업하기에도 쉽지 않았다. 친구들이 세상의 불공평함에 대해 투덜거릴 때 나는 서울의 체육과 학생들이 가장 가고 싶었던 곳 중 하나인, 군필이 필수 조건인 직장에 도전했다. 나는 왜 군필자가 조건인 이곳에 지원했냐는 면접관의 말에, "어부는 고기 잡는 일이 평생 업이고 농부는 농사짓는 일이 평생 업이듯 나도 평생 운동만 했기에 이 일을 평생 업이라고 생각합니다. 그래서 원서를 낸 것이 별 문제가 없다고 판단했습니다."라고 스스럼없이 대답했다. 사실 나는 태어나서 누군가와 면접을 본 적이 없었다. 그러기 때문에 수식어를 붙인 멋진 인터뷰가 낯설어 나답게 대답했다. 지금 생각해 보면 면접에 입고 간 옷이나 인터뷰 내용에 웃음이 난다. 하지만 난 세상을 살면서 하고 싶은 일이나 해야만 하는 일들을 내 능력 밖에서 욕심내지 않았다. 나는 심사하는 분들에게 모든 테스트에서 군필자인 남자들보다 우수하지 않으면 욕심내지 않겠다고 맹세했다. 늘 습관처럼 최선을 다한 결과 나는 그곳에서 첫 직장생활을 홍일점으로 시작했다. 성취는 바로 이런 것이다. 불가능한 일을 내 것으로 만드는 습관을 갖는 것이다. 하고 싶은 일을 하는 사람은 앞에 놓인 목표를 향해 달릴 때 자신의 한계와 경쟁하지만, 해야만 하는 일을 쫓는 사람은 뒤쫓아오는 경쟁자의 추격에 허덕이며 본인의 인생이 걸린 중대한 결정 앞에서도 망설이게 된다. 20대에 취업을 하고 30대에 직장에 다니며 조건에 맞춰 이직을 하기도 하고, 그렇게 40대, 50대를 그럭저럭 넘기다보면 죽을 때까지 자신이 하고 싶은 일을 모를 수도 있다. 나는 평범한 사람이고, 또 어느 면에선 그 아래라고 생각했다. 그런데도 지금까지 많은 목표를 달성했다. 그 힘은 바로 선택에 있었다. 현실적으로 평범한 사람에게는 기회가 그리 많지 않다. 그렇기 때문에 선택이 중요하다. 그것만으로도 운명이 갈리기 때문이다. 내가 하고 싶은 일이 불가능해도 해낼 수 있다는 생각, 해야만 하는 일도 하고 싶은 일로 만드는 습관이 지금까지 나에게 수많은 성취를 만들어 주었다. 생각해보면 도전도 습관이고 성공도 습관이다. 좋은 습관은 긍정적인 생각에서 출발한다. 죽어도 되는 일이 없다고 쉽게 포기한다면 포기도 습관이 되고 실패도 습관이 될 것이다.

・ ・ ・ ・ ・

나는 2005년 은퇴 이후 정확히 4시간 이상 자본 적이 없다.
후배들은 어떻게 하면 잠을 덜 자며 목표를 이룰 수 있냐는 질문을 한다.
나의 대답은 심플하다.
목표가 있으면 목표 때문에 미쳐서 잠이 오지 않는 것이지
잠을 안 잔다고 목표가 이루어지는 것이 아니라고.
사실 적게 자는 나를 위해 주변의 걱정이 많다.
그때마다 나는 말한다. 죽으면 실컷 자는데 무슨 걱정이냐고.

> "모두가 재능은
> 타고난 선천적 축복으로 생각하지만
> 사실 재능조차 열정으로 만들어지는
> 후천적 자산이다."

10
경쟁할 때 주눅 들지 마라

"윈드서핑 타 본적 있는 사람 있어요?"

나는 번쩍 손을 들었다. 서울시와 한국체육센터가 함께 윈드서핑장을 개장한다는 말이 며칠 동안 돌고 있었다. 같은 직장에 있는 선배가 서핑 지도자가 월급이 훨씬 많으니 파견을 함께 나가자고 정보를 미리 주었다. 서핑은 대학교 때 대천 해수욕장에서 3일 정도 타 본 것이 전부였다. 가끔 한강에 떠 있는 요트와 서핑을 보면 한번쯤 배워 보고 싶은 충동도 있었다. 하지만 지도자로 파견을 나가야 하는 입장이라 많이 부담스러웠다. 윈드서핑팀이 구성되고 잠원지구에 윈드서핑장이 개장하게 되었다. 다행히 선수출신도 있어 실기에 대한 부담을 조금 덜 수 있었다. 개장 초에는 사람들이 많이 오지 않을 것이라 큰 기대를 하지 않았다. 잠실에 이미 전문 윈드서 핑장이 많았기 때문에 누가 잠원까지 배우러 올까 생각했지만 예상 외로 많은 회원들이 모집되었다. 고급 스포츠임에도 가격이 저렴했 고 교통편도 좋아 생각보다 호황이었다. 서핑장이 잘 되면 잘 될수 록 선수 출신이 한명이라 문제였다. 나는 휴일이면 교보문고로 달 려갔다. 이론이라도 완독해 지도해야겠다는 급한 마음이 들었다. 윈드서핑은 그 당시 한국에서 시작 단계라 교재가 많지는 않았다. 원서를 봐야 했는데 그림 외에는 해석하기가 어려웠다. 실기 또한 급한 마음에 회원들이 없는 저녁 6시 이후에 혼자 연습을 했다. 그 러나 한강은 저녁이 되면 바람이 많이 불어 보드에서 중심잡기도

❖ 윈드서핑 강습생들과 함께

힘든 나에게는 더욱더 곤혹스러웠다. 세일을 들어 올릴 만하면 바람의 방향을 잘못 잡아 빠지고 또 빠지고, 거짓말 없이 최소 100번 이상은 빠져 보드에 다시 올라올 때는 거의 탈진상태였다. 설상가상으로 세일을 못 세우니 보드와 나는 바람과 함께 떠내려갔다. 어느 때는 잠원에서 용산까지 떠밀려 내려간 적도 있었다. 그나마 직장에서 만난 선배와 둘이 할 때는 서핑이 떠내려가도 모터보트로 끌어주곤 했는데, 혼자 탈 때는 한강을 청소하시는 분에게 리어카를 빌려 서핑을 싣고 파김치가 된 몸으로 끌고 올라온 적도 많았다. 이렇듯 휴일에는 여기저기 도서관과 서점을 다니면서 윈드서핑의 이론적 지식을 완독하였고 저녁에는 회원들이 돌아간 후 고군분투하며 윈드서핑과 한강 복판에서 전투를 벌였다. 몇 달 지나니 한강이 안방같이 편해졌다. 가끔 남자 지도자들과 수영으로 한강 건너기 내기도 하고 물에도 많이 빠져 한강 수심에 대해 자신감도 생겼다. 갈수록 이론에도 자신이 생겨 초급반과 중급반 이론 강의도 시작했다. 초보자들 실기를 가르치며 실기에 대한 자신감을 끌어올리기도 했다. 힘든 일도 많았다. 서핑은 바람을 이용해 움직일 수 있다. 그래서 서핑을 타기에 좋은 계절은 봄, 가을이다. 여름에 타면 시원할 것 같지만 바람이 전혀 불지 않으면 두꺼운 슈트와 안전조끼를 입어 몸속에 땀띠가 날 정도다. 바람이 너무 불어도 힘들다. 세일을 세우기도 힘들뿐더러 바람 방향과 몸을 이용해 조절을 해야 하는데 조금이라도 풍상풍하 조절이 달라지면 빠지는 수준이 아니라 몸이 날아 가기도 하기 때문이다. 비가 내려도 타는 데는 문제가 생기지 않지만 바람이 세면 물살이 강해 강습을 취소하게 된다. 시간이 지남에 따라 회원 수가 많아지면서 한강에는 또 다른 문제가 긴장도를 높였다. 가끔 떠오르는 사체가 움직이지 않는 초보자 서핑으로 붙기 때문이었다. 그래서 물 밖에서는 강습 시간에 수상 안의 상황을 망원경으로 수시로 체크했다. 조금이라도 불길한 상황에는 모터보트로 접근해 상황정리를 해야 했다. 처음에는 적응이 되지 않아 두려웠지만 1년이 지나니 무뎌지기 시작했다. 서핑을 가르치기 위해서는 그날그날 역할이 따로 정해지기도 하지만 적은 수의 선생들이 서로의 역할을 게으르지 않게 감시해주어야 한다. 예를 들어 한 사람은 물 밖에서 물 안의 상황을 감시해 줘야 하고, 한 사람은 떠내려간 서핑을 상류로 끌어 올려주어야 하고, 한 사람은 레벨별 강습을 주관해야 한다. 한강은 장마철에는 비상사태이다. 하루의 강수량에 따라 밤새 비상 대기를 해야 한다. 또한 상류의 방류량에 따라 그 많은 서핑을 안전지대로 끌어 올렸다 내렸다 해야 하니 거의 노가다 수준이었다. 웬만한 힘이 없으면 남자들도 근무하기 힘든 곳이었다. 근무한지 2년이 넘어 매년 진급발표가 나왔다. 하지만 자격증도 가장 많고 열심히 해도 여자라서, 어려서 늘 다음을 기약해야 했다. 월급은 높은 편이였지만 비전이 없어 보였다. 목표 없이 일만 할 수는 없었다. 슬슬 직장에 염증이 나기 시작했을 때, 생활체육2급 자격증을 따는 사람은 월급에 수당을 더 올려 준다는 본부의 이야기가 나왔다. 여기저기서 웅성웅성거리기 시작했다. 모두가 체육과 출신들이라 꽤 많은 사람들이 신청을 했는데 연수가 한 달이라 모두가 다 강습을 받을 수는 없었다. 다행히 강습에 테스트가 있었고 포기하거나 테스트에 떨어진 사람들이 많아 나는 겨우 강습에 참가하게 되었다. 사실 나는 이 자격증이 필요 없었다. 하지만 승진에 늘 제외되니 직장에 염증이 나 있는 시점이라 변화를 주고 싶었다. 처음에는 3가지 종목 실기 테스트와 면접이 있었다. 나는 수영과 축구, 그리고 윈드서핑을 신청하였다. 3가지 종목 모두 붙어야 연수를 받을 수 있는 조건이 되었다. 우리 회사에서 온 사람들은 나를 포함해 3명만 통과되었다. 연수는 한 달 동안 받고 10과목의 이론 시험을 보았다. 결론부터 말하면 우리 센터에서 남자들은 다 떨어지고 나만 합격하였다. 그리고 나는 연수기간 내내 부대표로 활동하며 연수원장상까지 받고 회사로 금의환향했다. 그러나 모두 반기는 얼굴이 아니었다. 부러워하는 한편 시기를 하는 표정이 보였다. 연수기간을 근무의 연장으로 하기로 처음부터 합의가 있었는데 결국에 나 혼자 합격을 하다 보니, 자격증 수당도 연수기간의 근무연장 약속도 다 없던 것으로 되었다. 결국 나는 연수를 받았던 한 달간을 휴가기간과 맞바꾸는 최악의 결정에 따라야 했다. 참담했다. 차별을 뛰어넘는 처사였다.

회사를 다니면서 옮길 수 있는 좋은 기회도 많았다. 하지만 첫 직장을 다니던 나는 나만의 철학이 있었다. 그것은 3년 이상은 꼭 다니자는 것이었다. 여기저기 조건 따라 옮기면 결국에는 자리도 마음도 잡을 수 없는 기회주의자가 될까봐 늘 나를 다독였다. 그 일이 있은 후 더욱 강한 마음으로 일하며 내 잠재능력의 스프링을 최대한 당기고 있었다. 나와 약속한 3년이 되는 날 아무도 예측하지 않은 사표를 미련 없이 내고 나는 회사를 떠났다. 처음에는 모두 장난인 줄 알고 있었다. 그 정도로, 환경이 아닌 내가 결정한 날에 나답게 회사를 떠났다. 그리고 하고 싶었던 일을 좋은 조건에 마음껏 할 수 있는 곳으로 옮겼다. 나는 하루에도 열두 번 회사를 그만두고 싶었지만 다음 목적지를 향해 3년을 인내하며 준비했던 것이다. 사회에 나오면 무엇이든 호락호락하지 않다. 내가 원하는 일만 할 수가 있는 여건이 되질 않는다는 것이다. 그렇다고 하기 싫은 일을 하며 살 수도 없다. 하지만 분명한 것은 고민은 앉아서 하는 것이 아니라 일단 무엇인가 하면서 해도 늦지 않다는 것이다. 하고 싶은 일이 있다면 마냥 기다리지 말고 무엇인가 하면서 고민하라. 그리고 회사를 그만 두고 싶다면 원하는 문을 열 때까지 절대 그만두어서는 안 된다. 기회의 문은 문과 문으로 연결되어 있다. 다른 곳으로 완전하게 연결된 뒤에 그만두어도 늦지 않다.

• • • • •

인생을 정면 돌파하라. 물론 피할 수 있으면 피하라.
하지만 잊지 말아야 할 것이 있다. 인생은 그리 녹록지 않다.
불편함을 평생 피하다가는 어느 날 쓰나미 같은 고난이 달려 들어올 때가 있다.
쉽게 말해 지금까지의 당신이 경험한 성취와 실패는 아직 시작일 뿐이라는 것이다.
포기하지 않은 자의 진정한 성공과 실패는
쓰나미 같이 벅찬 기쁨과 재앙 같은 고통으로 밀려온다.
고통을 피하고 싶다면 선수가 한 경기를 위해 피눈물 나는 훈련을 하듯
많은 준비가 필요하다.

"성공한 사람도
만족이 없으면 불행하다.
다시 말해 지금 불행하지 않으면
이미 성공한 것이다."

11
내가 하는 일이 세상에서 가장 쉬운 일

프로 축구심판들의 가장 큰 고민은 징크스가 있는 팀을 만나는 것과 더운 날씨에 낮 경기 배정을 받는 것이다. 두 가지 조건이 다 걸린 경기에 배정받는 날은 흔히 말하는 제삿날이다. 팀과 몇 년간 계약하는 선수들과 달리 심판들은 매년 계약이 갱신되기 때문에 한 경기 한 경기가 살얼음판이다. 또한 선수들은 포지션 별로 볼의 움직임에 따라 체력 안배가 가능하지만 심판은 볼이 가는 곳을 계속해서 추적해야 하기 때문에 더 강하고 빠른 체력이 요구된다. 기억하건대 나도 더운 낮 경기에 자주 등장했던 주인공 중에 하나였다. 프로 전임주심이었고 기본 게임 수가 있어 피해 갈 수 없는 상황들이었다. 그러나 나에게는 남자들보다 두 가지의 악조건이 더해질 때가 있었다. 첫째는 국제경기를 끝내고 돌아오자마자 그 주에 주심을 배정받는 일이었다. 그나마 가까운 아시아에서 오는 길이면 다행이지만 대륙을 달리할 때는 시차로 생긴 피로로 근육에 무리가 많았다. 한 가지 더한다면 여자이기 때문에 피할 수 없는 한 달에 한 번의 매직타임이다. 이 네 가지 조건이 다 걸리기는 쉽지 않지만 다 걸린 무리수를 가지고 경기에 들어가면 표현할 단어를 찾기가 어렵다. 하지만 행운의 여신이 늘 나를 따르는 것은 아니었다. 수원 홈경기였던 것으로 기억한다. 매일 최고의 온도를 기록할 만큼 무더운 주말 경기였고 나는 국제경기를 마치고 주중에 매직에 걸려 돌아왔다. 두 팀 다 승점 3점이 목마른 상황이었다. 컨디션이 최상이라도 쉽지 않은 경기를 이 모든 머피의 법칙 속에 진행했다.

❖ 한국 프로축구 올스타 경기 주심으로 활동하며

　전반전은 예상대로 격렬하고 빠른 스피드로 진행되었다. 경기시
작 15분이 지나 페널티 에어리어 안으로 빠르게 접근하는 순간 다
리에 경련이 났다. 앞이 깜깜한 순간이었다. 이제 경기가 겨우 15분
지났는데 다리에 문제가 생기니, 불안한 마음과 함께 다리에 2차 경
련이 계속 이어졌다. 코너킥 상황에서도 자가 치료를 위해 준비한
침으로 다리를 얼마나 찔렀는지 다리가 무감각해질 지경이었다. 사
실 경기 중 선수들이 다리에 경련이 나면 축구 팬들은 얼마나 많이
뛰었으면 다리에 경련이 날까하며 위로와 격려를 한다. 하지만 심
판이 다리에 경련이 나면 다들 얼마나 운동을 하지 않았으면 다리
에 쥐가 나냐며 양면이 다른 혹독한 평가를 할 때가 많다. 무슨 정
신으로 전반을 끝냈는지 모를 정도로 내 체력과 정신력은 이미 바
닥에 내려 앉아 있었다. 15분의 휴식을 샤워실로 달려가 심판복을

그대로 입은 상태에서 샤워기를 틀고 그 밑에 쓰러지듯 누워있었다. 바늘로 찌른 오른발 바닥에 엄청난 양의 피가 흘러 있었고 발가락에 물집이 잡혀 있었다. 이렇게 경기 중 흐트러진 모습은 심판입문 이후로 처음이었다. 1분도 지나지 않은 줄 알았는데 후반전 시작을 위해 나가야 한다며 부심들이 나를 부르기 시작했다. 이미 나는 정신이 혼미해진 상태라 나의 이름이 100m 먼 곳에서 부르는 늘어진 메아리 같이 들려왔다. 심하게 무섭고 나약한 나를 보며 샤워기 물소리에 울음을 묻고 한없이 울었다. 부심들을 경기장으로 먼저 보내고 옷을 겨우 갈아입고 라커룸을 빠져 나와 경기장을 향하는데 나의 몸은 천근만근이었다. 걷고 있는 게 신기할 정도로 몸과 마음이 따로 움직이고 있었다. 때마침 반대쪽에서 선수들이 걸어오고 있는 모습이 보였다. 그 많은 선수들이 나와 눈 한번 마주치지 않고

❖ 프로축구 주심 시절 남자 심판들과 함께

바닥을 보며 십만 근의 무게를 등에 지고 나가고 있었다. 갑자기 이들 모두가 나와 같은 컨디션임을 느끼고 나니 많은 위안이 되었다. 또한 선수들마다 후반전 시작 전 내 곁에 다가와 "선생님 제발 빨리 끝내주세요. 더워서 죽을 것 같아요."라며 애걸을 했다. 선수들의 목소리가 내가 가장 좋아하는 록 음악같이 들려왔다. 경기 중에도 몇 분 남았는지 수시로 물어올 때마다 '앗싸! 다들 지쳤군. 나만 그런 것이 아니었어.'라는 생각과 함께 나의 몸은 활성 에너지로 변하듯 더 강하고 빠르게 움직여졌다. '이렇게 모두가 힘들었구나. 나만 힘든 것이 아니었구나.'

경기가 끝난 후 선수들과 심판들이 나에게 물었다. "안 더워? 힘들지 않아? 왜 그렇게 잘 뛰어?" 후반에 아마 내가 라커룸에서 울며 기어 나온 걸 알면 모두가 기절했을 것이다. 경기가 끝나고 집으로 돌아오는 길에 나는 많은 생각을 했다.

매 경기마다 매 상황마다 모두가 조건은 똑같다. 어떻게 받아들이는가가 인생의 승률을 높이는 것이다. 죽을 것 같은 마지막 순간에 한발 아니 반발만이라도 앞으로 향하자. 포기하고 싶을 때도 맨 마지막에 포기하자. 세상에서 우리에게 주어진 모든 상황은 알고 보면 모두 같은 것이다. 이 모든 것이 불평불만을 가지는 순간에 힘든 장애물로 돌변함을 잊지 말자. 이 이야기는 청년들에게 특강할 때 내가 가끔 들려주는 이야기다. 또한 내 인생에서 가장 잊지 못할 산 경험 중에 하나이기도 하다.

확신하건대 인생은 누구에게나 해피엔딩이다.

살면서 만나는 수많은 장애물은 해피엔딩을 만들기 위한 과정일 뿐이다.

난관에 부딪쳤을 때 다 끝난 것처럼 주저앉으면

그것이 우리의 인생 마지막이 되는 것이고

다시 일어나 뛰면 주인공이 되는 것이다.

내 삶은 내가 만들어가는 것이다.

인생의 드라마가 우여곡절이 있어야 가치를 부여하듯

포기만 하지 않는다면 누구에게나 인생은 해피엔딩일 것이다.

"경험이 없으면 매 순간 망설이게 된다.
그래서 선택하는 것을 보면
그 사람을 알 수 있다."

12
기도하고 달린다

경기장을 나서기 전 늘 잊지 않고 기도를 했다. 선수들의 최상의
경기력과 부상 없는 경기를 위함이었다. 또한 나의 오심이 선수들
에게 상처가 되지 않도록 최선을 다하게 해달라고 기도했다. 은퇴
하는 순간까지 내가 아니라 선수들을 위한 기도였다. 늘 간절했다.
지난 런던 올림픽을 보면 선수들의 메달 소식 못지않게 심판들의
오심이 화제가 되었다. 또한 스포츠외교력에 대한 문제점도 계속해
서 지적되었다. 개인적으로 국가대표선수, 국제심판 그리고 국제위
원을 했던 입장에서 문제로 지적된 두 가지를 설명하자면 할 수 있
을 것 같다. 첫 번째는 오심이 생겼을 때 이것이 정말 오심인지 편
파 판정인지 가릴 필요가 있다는 것이다. 올림픽에 배정 받는 심판

의 수준과 경기장의 사방이 카메라로 둘러싸여 모든 장면을 사건의 증인처럼 찍고 있는 상황을 고려할 때, 편파판정이란 올림픽 끝나고 옷을 벗겠다는 뜻이다. 올림픽을 뛰는 선수들은 국가를 대표하지만 심판들은 대륙을 대표해 심판 배정을 받는다. 명예 하나로 지켜온 국제심판의 자리에서 편파판정은 사실상 불가능한 일이다. 그런데 만약 오심이라면 불가항력일까 아니면 심판의 자질로 경기 룰에 대한 이해부족일까. 선수와 심판들 사이에는 영원히 해결되지 않는 징크스란 벽이 있다. 선수들 입장에서 심판이란 사람은, 자신이 매번 이기면 선호 심판이 되는 것이고 지면 원수가 되는 것이다. 경기를 하다보면 중요한 경기일수록 많은 항의를 받는다. 그래서 담력이 약한 심판이 들어오면 선수들은 더 거칠게 항의를 한다. 프로심판은 체력이 우선이 아니라 담력이 우선이라는 말이 있다. 오죽하면 선수들이 심판 간 본다라는 말도 있을 정도. 일종의 담력 테스트다. 흔들었을 때 판정의 일관성이 있나 없나 보는 일종의 작전이다. 심판도 팀의 전술과 선수의 특성을 잘 파악하면 경기를 잘 컨트롤 하듯 선수들도 심판의 특성을 파악하려는 경우가 있다. 이때 서로 문제가 되면 징크스가 생기는 것이다. 이것은 국제나 국내나 같다. 축구에서 가장 문제가 되는 업사이드도 관중석에서 보는 자리마다 각도가 다르다. 단 한발 차이에도 판정은 달라 질 수 있는 것이다. 마음은 아프지만 심판의 오심도 경기의 일부분으로 인정하며 봐야 할 것 같다. 두 번째로 심판들의 오심으로 피해를 보지 않기 위해 국제심판을 양성해야 한다는 목소리가 높아지고 있다. 개

인적으로 모든 종목의 국제심판 양성은 찬성하지만 국제심판이 국
제경기의 어드벤티지란 인식은 위험한 발상이라고 말하고 싶다. 생
각해 보라. 국제심판은 어느 종목이건 자국의 경기를 배정 받을 수
없다. 또한 다른 국가의 국제심판이 우리 경기에 배정 받는다고 해
도 봐달라고 대놓고 이야기할 수 없다. 보통 배정이 끝나면 경기 전
까지 오해할까 봐 오히려 숙소에서 서로 서먹할 때가 더 많다. 혹시
심판 배정 감독관을 양성한다면 모르겠다. 배정 감독관 권한이 있
으면 최소한 우리 팀 경기를 잘 봐주지는 못해도 최고의 심판은 배
정할 수 있어 리스크를 최소화 할 수는 있다. 자국의 국제심판이 자
국 팀 성적에 영향을 줄 것이라 기대한다면 아주 큰 오산이다. 지금
국제 스포츠외교를 위한 자원은 본인의 권한을 즐기는 점잖은 위원
이 아닌 자국의 목소리를 내는 싸움닭 같은 위원이 필요한 시대이

❖ K-리그 프로축구 수원삼성 VS 부천FC 경기 중

다. 그럼 심판시절 나는 오심이 없었는가? 당연히 잊지 못할 오심이
있었다.

수원과 부천의 경기였던 것으로 기억한다. 후반전 수원의 공격 상
황이였고 모든 선수가 부천 진영으로 모두 넘어 온 상황이었다. 그
런데 갑자기 볼을 잡은 골키퍼가 상대 빈 공간에 볼을 넘겼다. 그
당시 부천은 후반을 위해 준비한 몇 명의 발 빠른 선수가 있었다.
빠르고 득점력도 높아 심판들 입장에서 갑자기 전개되는 부천의 롱
패스는 늘 부담스러웠다. 심판은 늘 볼과 선수 주변에서 가까이 접
근해 있다. 50m 이상 역습이 되면 젖 먹던 힘까지 보태서 달리지만
파울 때문에 상황이 보이는 각도도 유지해야 하고 접근도 해야 하

고 죽을 맛이었다. 걱정했던 역습이 벌어지고 있었고, 페널티 에이리어 4~5m 앞에서 볼을 몰고 단독 드리블을 하는 이원식 선수를 수원 수비수가 잡고 늘어졌다. 골키퍼와 단독찬스가 난 상황이라 수비수는 100% 퇴장 상황이었다. 문제는 그 다음이었다. 상황은 순식간에 이루어졌고 나는 뛴다고 뛰었지만 너무 먼 데다 여러 선수들이 이원식 선수 주변으로 몰리는 바람에 수비수가 누군지 알 수가 없었다. 파울 지점에 도착했을 때 부천 선수들은 퇴장감이라며 너도 나도 친절하게 합장을 하고 있었지만 나는 페널티 에어리어에 서 있는 수원 선수들을 보며 이 순간 점쟁이라도 되고 싶은 마음이 들었다. 선수들 얼굴 표정을 빠르게 훑어보니 한 선수가 뒤로 슬그머니 빠지고 있었다. K선수였다. 심판들 사이에는 항의가 많아 기피 인물 중 한명이었는데, 그 경기는 생중계가 되고 있었고 나는 더 이상 시간을 끌 수가 없었다. 뒤로 빠지는 K선수를 불러 세우자 늘 항의를 하던 선수가 조용히 앞으로 왔다. 나는 당연히 퇴장을 주었고 K선수는 놀란 듯 항의를 하려 했으나 벤치에서 감독이 그 선수에게 소리 질러 빨리 나올 것을 독촉했다. 선수도 감독도 조용히 인정하기에 불안한 마음이 순식간에 안정이 되었다. 경기가 끝나고 마음이 조금 찜찜해 그날 해설을 했던 해설위원에게 모니터로 내가 준 퇴장이 맞느냐고 물어보았는데 맞다고 하여 안심하고 집으로 돌아왔다.

다음날 아침 친한 부심이 어제 경기를 녹화해서 봤는지 물어왔다. 느낌이 이상해 "왜? 퇴장 잘못 줬어?" 하며 다그치니 K선수가 아니라 C선수라고 했다. K선수가 옆에 있기는 했어도 파울은 정확하게 C선수라는 것이었다. 입에서 "오 마이 갓!"이 자동으로 나왔다. 그 당시 국가 대표인 C선수가 퇴장을 당하면 팀 전력에 많은 손실이 오니 아마 오심인데도 감독이 그냥 인정했던 것 같았다. 전화를 끊고 잠시 생각하다 프로 연맹으로 들어갔다. 그렇게 큰 오심이면 팀에서 제소가 들어와야 하고 제소가 들어와야 상벌위원회가 열린다. 연맹에 가니 위원들이 와 있었다. 사실 내가 벌을 받는 게 걱정되는 건 없었다. 다만 K선수가 죄 없이 두 경기를 쉬어야 하니 그것이 너무 미안했다. 나도 같이 감당해야 할 것 같아 위원회에 두 경기를 쉬겠다고 했다. 나는 남자 심판들처럼 학연, 지연이 없고 전임주심이라 로테이션을 돌다보면 모든 팀에 배정받아 만나게 된다.

그래서 몇 주가 지나 다시 같은 팀을 만났다. 워밍업을 하기 위해 경기장을 나오니 터치라인 쪽에서 K선수가 있었다. 나는 쿨하게 먼저 사과했다. "미안하다. 그런데 왜 항의하지 않았느냐. 나는 조용히 나가기에 내가 맞는 줄 알았다."라고 하니 벤치에서 빨리 나오라 해 어쩔 수 없이 나갔다고 했다. 그는 "오늘 경기에서 나 퇴장 나오면 깎아줘요." 하며 웃었다. 많이 미안했고 고마웠던 그날의 모든 상황들이 뚜렷하게 기억이 날 정도로 인상 깊었다.

경기를 하다보면 어떤 심판이 들어오면 늘 이기고, 또 어떤 심판이 들어오면 늘 지고 하는 선수들의 징크스가 있다. 심판도 마찬가지이다. 내가 들어가서 늘 이기는 팀은 봐 주었다고 해서 부담스럽고 늘 지는 팀도 징크스를 가지니 부담스럽다. 그렇다고 프로심판인데 로테이션 돌며 배정받는 경기를 이건 들어가고 저건 들어가기 싫다고 누가 말할 수 있겠는가. 또한 전 경기에 퇴장을 준 선수를 다음 경기에 만날 때 선수가 느끼는 묵은 감정을 어떻게 소화하는가도 관건이다. 심판의 입장에서는 선수가 미워서가 아니라 경기규칙에 의해서 경고와 퇴장이 나가지만 선수들 입장에서는 늘 섭섭한 것이다. 선수들은 출전수당, 승리수당, 골 수당까지 한 경기가 주는 의미가 크고 팀에서의 존재가치와 금전적인 측면까지 절실하지만, 심판 입장에서도 양 팀 11명의 선수가 경기가 끝날 때까지 아무 문제없이 다 뛰기를 절실히 원한다.

나는 늘 전 경기의 퇴장선수에게 먼저 다가가 감정이 아닌 규칙의 상황을 설명하려고 노력했다. 나의 불편함보다 선수가 가질 퇴장에 대한 트라우마를 내가 지워줘야 할 것 같은 생각이 들어서다. 물론 그 많은 경기에서 심판들이 일일이 상황을 설명하기는 쉽지는 않았지만 결국 선수나 지도자나 심판이나 큰 틀에서는 가족 구성원 중 하나이다.

최선을 다했지만 이러저러한 실수도 많았다. 그 실수까지도 내 최선의 일부였다. 내가 맞다고 확신하는 판정과 빠른 결정을 위해 의심스러워도 내린 결정은 쿨하게 선수들에게 경기 끝나고 서로 TV로 확인하자고 웃으며 말하기도 한다. 선수들과 약속한 장면에 대해서는 경기 전 워밍업 할 때 서로 인정하며 대화해 왔다. 생각해보면 축구 경기나 인생이나 살면서 흡사한 부분을 많이 발견하는 것 같다.

나는 평생을 경기장과 회의장 안에서 살았다.

또한 나 스스로 심각한 결정을 빠르고 정확하게 해야 하는 인생을 살아왔다.

닥친 문제를 누군가에게 의논하며 성장할 수 있다면 얼마나 큰 복이겠는가?

하지만 심판은 경기장에서 매번 판정할 때마다

밖에 나가 물어볼 수 있는 직업이 아니었다.

리더가 되면서 판단은 더욱 신중하고 중요할 수밖에 없었다.

함께 하는 이들이 많아졌고

나의 결정은 어느덧 많은 사람의 운명을 담보로 하게 되었기 때문이다.

개인적으로 성공의 승률이 높았던 것은 삶의 기본기에 최선을 다했고,

마지막 순간 담대함을 위한 절실한 기도가 있었기 때문이라고 생각한다.

"나의 자신감은 강도 높은 훈련에 있었다.
그래서 내게 가장 흥분되는 시간은
경기의 시작을 알리는 휘슬을
입에 대는 순간이었다."

13
최고의 프로가 되기 위한 열쇠, 훈련

런던 올림픽이 시작되고 난 후 다들 무슨 경기를 볼지를 고민할 때 나는 공항을 출발하는 선수들의 얼굴에서 그들의 지난 4년을 바라보게 된다. 얼마나 목이 마르게 4년을 기다렸을까? 누군가는 지난 올림픽 때 부상으로, 누군가는 결승에서 금메달을 놓쳐, 누군가는 7전8기의 정신으로 올림픽에 도전하고 있을 것이다.

올림픽은 아마추어 선수들의 꿈이다. 사실 메달도 중요하지만 그들이 올림픽 출전을 위해 치른 국내외 예선경기의 수와 경쟁은 상상도 못할 정도로 치열했을 것이다. 그래서 올림픽 출발을 앞둔 그들은 이미 챔피언이다. 또한 선수들은 공항에서 같은 생각을 할 것이다. '아⋯ 드디어 내가 올림픽에 가는구나.' 가장 현실감이 느껴

질 것이다.

나의 올림픽 경험은 2000년 시드니 올림픽이였다. 사실 프로 스포츠 종목 선수들은 월드컵을 세계 최고의 스포츠 이벤트라고 믿는다. 특히 축구는 그랬다. 나 또한 월드컵 배정을 받을 때와 올림픽 배정을 받을 때의 감흥은 전혀 달랐다. 그러나 애국가만 멀리 들려도 가슴이 뭉클하고 뜨거워지는 것은 올림픽에서만 느낄 수 있는 절절한 애국심인 것 같다. 모든 스포츠의 경기시간은 달라도 그들이 한 경기를 위해 준비하는 땀의 가치는 같을 것이다.

아마추어 때는 땀 흘린 양이 경기 결과와 비례했다. 내가 올림픽의 꿈을 꾸기 시작한 것은 대학 때였다. 운동 특기자들은 10월 전국체전이 끝나면 입학할 대학에서 선배들과 합숙을 시작한다. 우리 대학도 다들 성적이 좋은 명문고에 스카우트 되어 동기들이 모교 선배의 도움을 받으며 대학생활에 빠르게 적응하였다. 반면 나는 꼴찌 팀에서 개천에 용 난 것처럼 하키 명문대에 오니 선배는커녕 동기들까지 모두 낯설었다. 도착한 다음날부터 새벽 훈련이 시작되었다. 너무 추운 겨울이였고 새벽 6시 낯선 도시의 10km, 20km 로드웍은 육체적으로나 정신적으로 모두 힘들었다. 아침 8시가 다 되어 숙소에 도착하면 저학년이라 언니들과 조를 맞춰 식사를 돕는다. 그리고 오전 10시 운동을 시작으로 오후 3시 운동 그리고 저녁 먹고 누가 하라고 하지 않지만 눈치껏 야간운동을 매일 했다. 매도 많이 맞았다. 단체운동이라 한두 사람이 잘못 해도 함께 맞아 타지에 와서 닭똥 같은 눈물을 흘리며 잠들곤 했다. 그렇게 동계훈련은 겨우내 스케줄을 달리하며 혹독하게 진행되었다. 저녁이면 모두가 지쳐 눈빛조차 주고받기 힘들었다. 학교 뒷산을 선착순으로 하도 많이 뛰어 나는 지금도 등산을 가장 싫어한다. 또 연습경기라도 지는 날에는 상대학교에서 우리학교까지 온종일 줄 맞춰 장비를 다 들고 뛰어 온 적도 있다. 이렇게 힘든 합숙훈련을 하고 첫 대회에서 우승하면 보람이 있지만 혹 성적이 안 좋으면 그동안 흘린 땀이 아까워 자괴감에 빠지곤 했다.

그렇게 대학 4년을 운동 특기자로 보내고 졸업하던 날 다시는 합숙을 할 일이 없다고 생각하니 속이 다 시원했다. 대학 졸업과 함께 멋지게 사회생활을 꿈꾸던 행복은 잠시, 직장생활 중 축구 국가대

❖ 말레이시아에서 프로 축구심판 합동훈련을 하던 중

표가 되어 운명의 합숙은 다시 시작되었다. 연일 밥 먹고 운동만 하는 스케줄이였다. 선수들 모두가 훈련이 힘들어 저녁이 되면 쓰러지듯 잠이 들었다. 그렇게 대표팀 생활을 끝내고 은퇴하며 이제 내 인생에서의 마지막 합숙은 결혼뿐이라 확신했지만 무슨 팔자인지 나는 축구국제심판과 프로심판이 되어 국내는 물론이고 국외까지 넘나들며 합숙훈련을 받았다. 거부하면 거부할수록 더 강한 훈련과 더 큰 경쟁이 내 앞에 늘 성큼 다가오고 있었다. 그 후 마음을 바꿨다. '합숙은 나의 운명이다.'라고.

프로를 입문하고 매년 마음 맞는 심판들과 지방으로 동계훈련을 다녔다. 자발적인 훈련이라 강도 높은 훈련도 즐겁게 할 수 있었다. 아마추어경기든 프로경기든 최선을 다하며 매일 수준 높은 팀의 연습경기를 찾아 다녔다. 그러다 보니 경기와 훈련으로 먹는 음식이 소비되는 칼로리를 채우지 못해 빈혈로 고생도 하였다. 여름 한낮 경기는 한경기에 4kg까지 빠져 다음 경기를 위한 빠른 회복이 늘 관건이었다. 육식을 좋아하지 않아 체력에 한계를 보이자 선배들이 개고기를 권유하였다. 개를 어릴 때부터 예뻐해 먹는다는 것은 상상도 못할 상황이었다. 도저히 못 먹겠다 하니 선배는 "소는 미워서 먹니?"라고 하신다. '맞아, 맞는 말이구나. 일단 체력을 키우자.' 라는 생각에 매년 개, 염소, 뱀 등 체력에 좋다는 것은 역겨워도 눈물을 흘리며 먹었다. 그 덕에 훈련량을 많이 늘릴 수 있었고 자신감도 함께 성장하였다.

국제심판도 병행을 하고 있어 쉬어야 했지만 그럴수록 훈련량을 더 늘려야 했다. 왜냐하면 국제심판은 토너먼트가 시작하기 2일 전에 도착하여 체력 테스트를 받게 된다. 혹 체력 테스트를 통과하지 못하면 본인의 항공료를 돌려주고 자국으로 돌아가야 한다. 테스트는 단 1회에 통과해야 하므로 평상시 준비되지 않으면 쉽지 않은 상황이다. 나같이 국제 경기에 많이 배정받는 경우는 매번 체력 테스트를 해야 하니 꾸준히 체력관리를 해야 한다. 또한 축구국제심판은 늘 새롭게 평가받아야 하므로 1년 마다 다시 시험을 봐야한다. 경기규칙, 영어, 체력 테스트 등 매년 시험 준비를 해야 한다. 쉽게 말해 프로심판은 1년마다 재계약을 해야 하고 국제심판도 1년마다 시험을 통해 다시 도전해야 한다. 많은 경기와 별도로 쉼 없는 체력 테스트에 응하기 위해 자나 깨나 훈련으로 무장되어져야 했다. 프로축구심판 5년, 국제심판 8년 간 저녁에 훈련하느라 사람을 만난 기억이 거의 없다.

생각해 보면 내 인생은 쉼표가 없는 노래와 같았지만 이루어진 모든 것은 자의든 타의든 훈련에서 만들어진 값진 열매였다. 훈련하며 흘린 땀은 배신을 하지 않는다고 한다. 그래서 어떤 도전에도 나는 가치를 치를 준비가 되어있다. 이렇게 나는 대학 입학과 함께 꿈꿔 왔던 올림픽 출전을 15년 만에 축구 국제심판이 되어 이루었다. 내가 만든 최초의 타이틀은 결국 훈련을 통해 만든 도전이 내게 준 최고의 선물이었던 것이다.

· · · · ·

가끔 TV토크쇼에 연예인들이 나와
공황증과 자살충동의 경험을 이야기 할 때가 있다. 웃음이 난다.
지금 태능 선수촌으로 달려가 국가대표 선수들에게
공황증과 자살 충동을 느낀 사람이 있냐고 묻는다면
몇 사람이 문제가 아니라 횟수를 가지고 이야기해야 할 것이다.
정신의 한계, 육체의 한계를 매 경기마다 넘겨야 하는 선수들에게
이 정도의 충동은 사치로 받아들여진다.
나 또한 끝없는 차별과 힘든 훈련 속에
자살충동과 공항증이라는 수업료를 수없이 치렀다.
한계를 넘지 못하면 비극이지만 지금같이 살아남을 수 있다면
강한 정신이 담보가 되는 무한경쟁의 자신감을 보너스로 얻을 수 있다.

"성공하는 사람에게는
타고난 배경이 있는 것이 아니라
흉내 낼 수 없는 끼가 있는 것이다."

14
나를 움직인 한마디

사람들은 성공을 위해 두 번의 성장통을 치루는 것 같다. 1차는 내 스스로 해낼 수 있는 한계, 2차는 조직과 팀워크로 만들어내는 성장이다. 두 번의 성장에서 리스크를 줄이기 위해 우리는 멘토가 필요한 것이다. 롤모델과 멘토는 전혀 다른 맥락이다. 함께 하다 보면 멘토가 롤모델이 되는 경우는 봤어도 롤모델이 멘토가 되는 경우는 보기 어려웠다. 멘토는 존경이 전제되지만 롤모델은 막연한 선망의 대상이 되기 때문이다.

내가 도전이라는 산을 오르며 지칠 때 언제든 손을 내밀어 주시고 등을 내주신 멘토들이 계시다. 나의 사회적 역할과 경험은 그분들의 경험과 노하우를 귀담아 듣고 행동하며 성장하였다. 멘토들과의 만

남은 우연이었지만 나는 성장을 통해 이를 필연으로 만들었다.

"안녕하세요. 이연택 회장님." "아, 오랜만이야."

2002년 월드컵에서 조직위원장과 심판담당관으로 만난 뒤 7년 만에 뵙는 모습이었다. 나는 중국 하얼빈에서 열린 동계 유니버시아드대회 학술 세미나에 다른 교수들과 함께 참석했다. 회장님은 대한체육회 회장 자격으로 선수들을 격려하러 오신 것이다. 때마침 나는 일행들과 아침식사를 위해 식당에 내려와서 갑자기 회장님을 뵙게 되었다. 긴 이야기는 못했지만 잠깐 차를 마시는 동안 이것만은 검토하셔야 한다고 국제 스포츠외교에 대한 아이디어를 말씀드렸다. 그냥 듣고 말아도 되는데 테이블 냅킨에 내가 이야기하는 아젠다를 꼼꼼히 받아쓰시는 모습에, 나는 놀람과 감동을 받았다. 회장님은 KOC(대한체육회)의 임기를 끝내시고 2014년 인천아시안게임 조직위원장으로 가셨다.

나는 KOC 여성위원회의 위원이 되어 한국여성체육을 좀 더 가까이 들여다보는 계기가 되었다. 나름 내가 잘할 수 있는 역할에 최선을 다하려고 노력했다. 여성위원회는 국가대표 선수출신들 중 교수로 성장한 위원들과 일반 체육과 여자 교수들로 이루어졌다. 나는 선수출신이라 현장 스포츠의 발전을 위해 모든 분야가 건강하게 밸런스를 맞추기를 바랐다. 특히 여성체육인들의 스포츠외교 역할에 많은 가능성이 있다고 생각했다.

그 뒤 KOC의 스포츠 영웅 선발위원회 위원으로 활동을 옮겨 한국에서의 스포츠 행정 활동을 시작했다. 나는 우연한 기회에 2014년 인천 아시안게임 조직위원장으로 자리를 옮기신 이연택 회장님을 다시 만나게 되었다. 이러한 이야기 끝에 나는 나의 공격적인 성격에 대해 상담을 드렸다. 나에게는 토론을 하다보면 열정이 강해 전투적으로 변하는 문제가 있었다. 국제미팅에서는 늘 끝장을 보고 결과를 얻고 친구를 사귀는데 전혀 문제가 없었는데, 한국에서는 다들 부담스러워 하는 것 같았다. 벙어리같이 가만히 앉아 있으면 환영 받을진 모르겠지만 그럴 바에야 그만두지 뭐하러 그 포지션에 있어야 하는지 모르겠다고 말씀드리며 많이 혼란스러워했다. 성격을 고쳐보라고 이야기 하실 줄 알았는데 "절대 고치지 마라, 그게 임은주다. 정직하고 누구에게나 할 말 다하는 그게 임은주의 매력

❖ 나를 움직인 멘토 이연택 회장님과 함께

이다.”라고 하셨다. 그 성격이 마음에 드신다고 하시니 용기가 나고 감사했다. 그 후 자주는 뵙지 못하지만 뵐 때마다 회장님은 그간 해 오신 경험과 스포츠 행정에 대한 깊이 있는 노하우를 들려 주셨다.

이연택 회장님은 88년 서울 올림픽, 2002년 월드컵 조직위원장등 우리나라 주최의 스포츠 빅 이벤트를 모두 경험하신 스포츠 행정의 대가이시다. 작년 AIPS(세계스포츠미디어협회) 콩그레스 때 인천아시안게임 조직위원회 오찬에 초대해 주셔 많은 사람을 사귀게 되었다. 멘토이신 회장님의 역할은 자리에 불러주신 것만으로 충분했다. 그 다음 단계인 사람들과의 릴레이션쉽은 전적으로 나의 역량이다. 축구를 통해 여러 역할로 성장한 내 입장에서는 처음 보는 누구와도 다양한 화제로 이야기할 수 있었다. 또한 그 인연으로 AIPS 집행위원과 축구 관련 개인 인터뷰를 하였고 나에 관련된 기사가

❖ 대구월드컵경기장 오픈 경기 - 브라질 상파울로 VS 성남 일화

그들의 웹사이트와 매거진에 실려 세계에 알려질 기회도 가졌다.

국제 인맥은 이렇게 서로의 발전이 확인될 때 더 시너지가 생긴다. 이 밖에도 AIPS 회장과 사무총장을 국제 세미나에서 발표자와 토론자로 만나 이후 친분을 쌓으며 다른 프로젝트도 서로 진행 중에 있다. 짧은 시간에 이 정도로 조직적인 릴레이션쉽을 가질 수 있는 것은 서로가 일의 발전만 바라보고 있기 때문이다. 성장을 거듭할수록 결정을 위한 포인트는 교과서에서 답을 찾을 수 없고, 오직 경험 많은 멘토들의 조언이 답이 되는 경우가 많다. 가치를 인정해 주고 믿어 주시는 멘토로부터의 가장 큰 칭찬은 "역시 임은주야."라는 큰 믿음의 한 마디인 것 같다.

창밖을 내다보았다. 얼추 185cm 이상은 되는 장신의 두 팀이 나를 기다리고 있었다. 배짱하면 둘째가라면 서러울 나였지만 너무 떨려 심판실 문고리만 잡고 있었다. 경기 시작 전인데 주심이 나오지 않으니 선수들이 입장을 하지 못하고 있었다. 나의 자신감은 선수들의 체격에 눌려 한 발짝도 떨어지지 않았다. 차경복 심판위원장님의 호통과 격려가 귀에 하나도 들어오지 않았다.

"충분히 할 수 있어! 걱정하지 말고 빨리 나가! 벤치의 항의는 내가 막아 줄 테니 하고 싶은 대로 배짱 있게 불어."

나는 주심을 바꿔 줄 것을 계속 요구하다 지쳐 풀 죽은 모습으로 경기장을 나가고 있었다. 선수들도 여자 주심이 들어오니 조금 놀란 표정이었다. 대학부 경기였는데 연세대와 대구대 경기로 상위팀 경기였다. 속으로 연신 오늘이 내 제삿날이라고 스스로 외치며 경기 시작 휘슬을 불었다. 내가 자신감이 없었던 이유는 한국에서 중학교 경기 이후 미국에서 돌아와 고등부 경기를 건너뛰고 바로 대학 상위팀 경기에 배정 받았기 때문이다.

90분 경기를 마치고 경기장을 빠져 나오는데 하프라인에 위원장님이 싱글벙글 웃으면서 기다리고 있었다. 양 팀 감독들에게 수고했다고 인사하니 위원장님과 선후배관계들이라 억지로 내게 인사를 건냈다. 그래도 다행히 양 팀 감독이 편파판정은 없고 오심만 있으니 다행이라며 위로를 한다. 그렇게 차경복 심판위원장님은 나의 성장에 큰 역할을 해 오셨다. 나조차도 너무 빠르다고 생각하는 성장 스피드를 계속 밀어 붙이셨다. 배짱도 있고 과감해서 남자들보다 낫다고 늘 칭찬이셨다. 밖에서도 축구인들에게 늘 내가 최고라고 치켜세워 주셨다. 나도 버겁지만 기대에 부응하기 위해 많은 훈련량과 경기의 집중도를 높여 성장을 따라갔다.

내가 프로에 입문하던 해에 위원장님은 성남 일화 프로축구단 감독으로 자리를 옮기셨다. 프로주심으로 성남에 배정 받아 경기장을 나가니 무척 반가워해 주셨다. 절대 잘 봐주려고 생각하지 말고 공정하게 보라는 당부의 말씀도 해 주셨다. 최선을 다해 보는 게 보답이라 생각해 더 집중하고 뛰었지만 번번이 내가 들어가는 성남 경기는 1승을 하기가 버거웠다. 나도 징크스가 생길 정도로 부담스러웠다.

결정적인 것은 대구 월드컵 경기장 오프닝 때였다. 성남 일화와 브라질 상파울로팀이 경기를 하였다. 아이러니하게 내가 주심이 되어 다시 만나게 되었고 감독님은 밝은 얼굴로 나를 맞아 주셨다. 그러나 결과는 내가 페널티킥을 선언해 성남일화가 한골차로 경기를 졌다. 정말 징크스도 이런 징크스가 없었다. 나를 성장시켜주신 가장 큰 멘토의 팀에 매번 패배를 선물로 주니 배정하는 위원장도 원망스러울 정도였다. 늘 마음에 부담이 있었지만 감독님은 경기 때마다 결과와 상관없이 "오늘 경기 좋았어. 잘 성장하니 보기 좋다."고 열심히 하라며 늘 격려해 주셨다. 차감독님은 국가대표와 국제심판, 그리고 프로팀 감독으로 활동하는 등 엘리트 중에 엘리트셨다. 많은 경험에서 주시는 조언은 제자들에게 믿음 그 자체였다.

감독님은 은퇴하신 후 지병으로 투병을 하게 되셨다. 나는 정기적으로 전화를 해 힘내시라고 위안을 드렸다. 그 와중에도 내가 자랑스럽다고 칭찬을 하신다. 끝까지 스승의 모습을 놓지 않으셨다. 돌아가시기 열흘 전, 힘이 하나도 없는 목소리로 약속을 하나 요구하셨다. 무슨 일이 있어도 절대 축구를 포기하지 말고 큰 인물이 되어 축구를 발전시켜달라고, 어떠한 분노에도 뒤돌아서지 말라고 힘없이 말씀하셨다. 그날은 선생님도 나도 함께 울었다.

그 뒤 마지막 선생님을 보내는 자리에서 꼭 약속을 지키겠다고 스스로 맹세했고, 나는 지금도 그 약속을 지키기 위해 성장통을 겪고 있다.

질투하는 사람이 되지 말고 질투 받는 사람이 되어라.

차별하는 사람이 되느니 차라리 차별을 받아라.

주변의 무관심은 나를 성장시키지 못한다.

세상에 보여줄 것도 없는데 시선을 끌기 위해 용쓰지 말고

볼거리를 만들어 주변의 시선을 끌어라.

잘나가는 누군가처럼 되길 원하지 말고

나만이 할 수 있는 일에 집중하라.

그럴 수 없다면 자기 계발을 위한 시간을 위해 심도 있게 고민하고 정진하라.

누구의 말처럼 세상은 넓고 할 일은 많다.

어설픈 경험이라도 하지 않는다면 시작도 못해볼 수 있다.

남의 가십에 빠져있지 말고

한 살이라도 젊을 때 나의 내면을 들여다보는 관심을 키워라.

내가 세상을 주도할 것인가, 평생 남의 인생을 막차 타듯 답습할 것인가는

본인에게 달려 있다.

"인생의 배경이 나를 힘들게 할 수는 있어도
삶 전체를 굴복시킬 수는 없다."

15

포기를 포기하라

2003년 이천수 선수의 스페인 이적 전 울산 마지막 경기에 배정을 받았다. 장마철이라 연일 비가 내리고 있었다. 지방경기가 끝나면 심판들은 보통 본인의 차나 기차로 집으로 돌아간다. 그날은 모두가 서울 쪽 심판들이라 한 차를 타고 서울로 올라오고 있었다. 너무 늦은 시간이었고 장대비로 인해 전방 시야가 위태로웠다. 옥천 내리막 코너를 도는 순간 물이 범퍼까지 고여 있는 것을 보았다. 이미 늦었다. 속도가 붙은 우리 차가 그곳을 향할 때 차는 컨트롤 밖에 있었다. 죽었구나 생각이 들었고 차는 순식간에 한 바퀴 돌며 중앙선을 충돌한 후 반대쪽으로 굉음을 내며 달렸다. 그 이후 잠시 기절을 한 것 같다. 누군가 내 이름을 늘어지는 메아리처럼 부르는 소리가 났다. 또한 얼굴 위로 무엇인가 계속 떨어지고 있었다. 눈을 뜨기 전 나의 기도는 내 자신의 생사보다는 다리가 다치지 않기를 애원하는데 있었다. 나는 이미 4년을 기다린 월드컵을 배정 받았고 월드컵이 정확히 두 달이 남지 않은 시점이었다. 전복된 차 유리로 기어 나와 앰뷸런스를 타고 병원으로 이송되었다. 다음날 보니 그 깡통 같은 차 속에서 살아남은 것이었다. 살아남은 것은 다행이었지만 눈앞이 캄캄했다. 어깨 근육이 끊어지고 여기저기 성한 곳이 없었다. 그나마 시즌 중이라 운동량이 많아 근육이 좋았고, 사고 직전 몸을 동그랗게 만들어 척추는 다치지 않았다.

병원에 입원하는 동안 월드컵에 못갈 것 같은 불안감에 스트레스를 많이 받았다. 어느 날 누워있는 자세를 바꾸려 하니 옆구리의 고통이 심했다. 또한 작은 기침도 고통스러워 제대로 할 수가 없었다. 엎친 데 덮친 격으로 늑막염이 함께 왔다. 하늘이 노랬다. 치료를 받다 보니 월드컵은 한 달 정도 남았고 운동량이 없어 근육도 다 풀리고 있었다. 그 동안 치료가 덜 된 찢어진 근육과 부러진 다리로도 훈련을 했는데 늑막염은 대책이 없었다.

한계에 계속 부딪치고 절망하는 동안 월드컵을 위한 미국 출국시간이 되었다. 산악인이 죽음을 불사하고 산으로 오르는 도전과 링에서 죽겠다는 복싱선수들의 강한 의지를 생각하며 '그래, 죽어도 월드컵 뛰다 죽자.'라는 심정으로 출발했다. 진통제가 가방의 반을 차지했다. 미국에 도착해 이틀 후에 체력 테스트를 했다. 운이 없게 태풍주의보가 내릴 정도로 운동장에는 흙먼지와 함께 강한 바람이 불었다. 멀쩡해도 뛰기 힘든 조건인데 늑막염으로 옆구리 진통이 있는 상황에서 이 흙먼지와 바람을 뚫고 테스트를 하려니 끔찍했다.

1조가 시작되고 FIFA에서 도저히 불가능하다고 판단했는지 근처 트랙이 있는 체육관으로 장소를 옮겼다. 트랙이 200m로 되어있고 실내는 체조 기구로 상당히 복잡스러워 보였다. 일정상 시간에 쫓겨 좁은 장소에서 조를 합쳐 단체로 달리다 보니 감독관들도 우리도 모두 몇 바퀴를 뛰었는지 알지 못해 서로 물어 보았다. 나 또한 감독관이 알아서 카운팅 할 것을 믿고 뛰어 알 수는 없었지만, 다행히 체력 테스트에 모두 붙었다. 매 경기마다 진통제를 밥보다 더 많

❖ 2003년 FIFA 미국 여자 월드컵 체력 테스트 후 아시아 심판들과 함께

이 먹었지만 밤마다 기침이 멎지 않아 나중에는 각혈이 나올 정도였다. 첫 경기를 한국과 북한 부심으로 짝을 이뤄 경기를 치렀다.

예선에서 아시아 팀들이 모두 탈락하였다. 보통 이런 경우 팀 탈락이 많은 대륙의 심판이 결승 라운드에 올라간다. 그 당시 월드컵 심판들을 트리오로 운영해 심판 한 조 4명 중 한 명이라도 부상이나 문제가 발생하면 전체가 떠나야 하는 비정한 상황이었다. 나만 잘해서 되는 일이 아니라 팀워크가 중요한 문제였다. 또한 자국의 팀이 강하면 심판들은 좋은 경기에 뛸 기회가 없었다. 심판은 같은 국가의 경기에 뛸 수 없기 때문이다. 팀의 승률이 좋으면 심판은 아무리 잘해도 보따리를 싸야 하고, 팀의 성적이 좋지 않으면 심판은 기회가 많이 제공되니 자국의 성적에 따라 심판의 운명이 결정된다.

❖ 친구이자 동료였던 북한 국제심판들과 함께

이렇게 자국의 성적과 심판은 살아남는 공식이 반비례했다. 그렇다고 실력 없는 심판에게 무조건 많은 기회를 주지는 않는다. 그런 측면에서 아시아 팀이 모두 예선 탈락한 것은 미안하지만 내게 좋은 기회가 주어진다는 것이었다. 8강 배정을 받고 몸을 만들고 있는데 북한 부심이 어두운 얼굴로 내 방으로 왔다. 북한팀이 예선탈락해서 심판도 북한으로 함께 돌아가야 한다는 말이었다. 즉 8강을 뛸 수 없다는 것이다. 오 마이 갓! 아픈 몸을 진통제로 도배하고 견디며 여기까지 왔는데 이게 무슨 시츄에이션인가? 어이가 없어 FIFA에 보고하기 전에 북한팀 감독과 전화 통화를 했다. 북한 축구관계자 모두 오래전부터 국제경기에서 만나 격이 없는 사이였다. 감독에게 심판 시스템을 설명하였다. 이 친구를 데려가면 죄 없는 나도 한국으로 돌아가야 한다고, 그리고 내가 이 월드컵을 오기 위해 얼마나 많은 희생이 있었는지 설명을 하였다.

그 뒤 북한팀 관계자들이 미안함에 북한으로 연락하며 애를 쓰기는 썼지만 외국에 짝수가 아닌 한 명만 남겨두지도 않는 룰 때문에 나의 눈물을 뒤로 한 채 북한은 부심을 데리고 갔다. 그날 북한은 나와 파트너가 된 부심을 데리고 간 것이 아니라 4년을 기다린 나의 도전과 꿈을 함께 가져갔다. FIFA에서도 당황하긴 마찬가지였다. 이미 아시아 팀들이 예선에 모두 탈락을 하였고 나 또한 세계 레벨의 심판이어서 우리 문제로 오랜 시간 FIFA의 미팅이 있었다. 가까스로 러시아 부심을 빌려 8강을 치렀다. 혹시나 하는 마음에 다른 경기 때보다 2배 이상 집중하고 최선을 다해 뛰었다. 그러나 나의 노력이 무색하게 살아남을 수 있는 한계는 거기까지였다.

룰을 인정해야 하는 직업이지만 그 순간은 모든 게 물거품같이 허망했다. 나는 경기장 안에서 달릴 때 존재감을 느꼈고 끝없는 도전으로 세계최초의 타이틀을 만들어 왔다. 고통을 참으며 달리는 이 길이 누군가에게 꿈을 만들 수 있다고 늘 자부했다. 북한 심판들은 그 이후에도 같은 일들을 반복하여 FIFA로부터 월드컵과 올림픽에 전혀 배정을 받지 못하고 있다.

한국으로 돌아온 나는 6개월 동안 한줌의 약을 하루 세 번 먹으며 늑막염을 치료했다. 월드컵을 떠나기 전 의사들도 미쳤다고 했다. 이 몸으로 달린다는 게 불가능하다는 것이다. 물론 인간적인 공식으로 우리의 신체의 한계는 불가능한 일들이 너무나 많다. 정신적인 스트레스도 마찬가지이다. 하지만 이번 경험으로 알게 된 것이 있다. 우리의 정신과 육체에는 초능력이 잠재해 있다는 것이다.

• • • • •

우리의 정신과 육체에는 초능력이 잠재해 있다.
인간이 사점을 넘어설 때 간절함이 담보가 되면 육체는 정신의 통제를 받는다.
목표한 것이 이루어지기까지 죽을래야 죽을 수가 없다는 것이다.
목표한 일이 좌절되어 포기했다면 당신의 정신력은 초보수준이다.
진정한 프로는 포기를 포기하는 것이다.
어떤 분야에 도전하든 인생을 프로답게 살아야 한다.
그리고 당신의 초능력을 확인하고 싶다면 달려라.
오늘이 내 인생 마지막 기회라 생각하며.

CHAPTER 3

소통하라!
세계가 너를
부른다

"열정은 부족함을
극복하는 산물이고,
욕심은 부족함을 채우는
찌꺼기다."

"열정은 부족함을 극복하는 산물이고,
욕심은 부족함을 채우는 찌꺼기다."

16
월드컵, 끝나지 않은 이야기

2002년 월드컵이 시작되기 직전 나 또한 전 세계 핫이슈 중 하나였다. 그 이유는 내가 세계 최초로 남자 월드컵심판으로 배정받느냐는 것이었다. 연일 세계 미디어들의 인터뷰가 있었다. 영국의 BBC와 호기심 많은 일본 NHK 뉴스, 홍콩 스타TV 다큐 등 많은 곳에서의 인터뷰로 하루 종일 바빴던 기억이 난다. 내가 월드컵 심판 후보로 올라설 것은 예상되었다. 이미 2001년 FIFA U-17 남자 세계대회에서 여성심판 세계 최초로 심판에 배정받았기 때문이다. 월드컵 조추첨에도 개인사로 갑자기 빠진 베켄바워의 자리에 FIFA는 나를 선택하며 분위기를 계속 끌어 올렸다. 이미 여자 월드컵과 올림픽을 뛰며 세계 정상임을 인정받았고, 세계의 하나뿐인 남자 프로축구 전임심판이라 모두가 가능하다고 판단했다. 나 또한 최상의 컨디션이었다. 그러나 결론부터 말하자면 나는 월드컵심판으로는 참여하지 못했다. 그 후 우리나라에서 하는 월드컵이라 많은 도움이 될 것을 확신해 한국 측 심판담당관으로 월드컵에 합류했다.

한·일 두 나라에서 진행해야 하는 경기라 50%는 쉬울 줄 알았는데 FIFA의 지시, 일본과의 조율 등 일이 두 배로 많았다. 주인공처럼 매번 월드컵에 초대받아 즐기다가 내 잔치에 손님을 처음 초대하니 그 동안 내가 참여한 많은 경기의 국가에 새삼 감사의 마음이 들 정도였다. 월드컵은 단순히 경기장 안에서 양 팀 22명의 선수와 4명의 심판이 경기를 진행하는 것이 아니다. 경기를 위해 그것을 준비하는 팀의 수고와 인력이 있기 때문이다. 월드컵 전 수시로 방문

❖ 2002년 한·일 월드컵 심판친구들과 함께

하는 FIFA 관계자가 오면 공항에 마중나가는 일부터 그들이 묵을 호텔, 미팅, 현장 인스펙션 등 하루에도 여러 건의 주요 사항들이 월드컵 몇 년 전부터 시작되어진다. 지적한 일들에 대한 정정과 보고사항 또한 연일 이어진다.

FIFA가 있는 스위스와 시차 때문에 조직위에서 밤을 새며 근무하는 것은 다반사였다. 선수들을 위한 본경기장과 연습장, 또 호텔과 연습장의 거리, 그들의 숙소와 음식의 만족도 등도 늘 비상사태였다. 월드컵은 한 부서만 잘해서 되는 일이 아니다. 부서 전체가 하나의 바퀴처럼 함께 굴러야 겨우 하나의 아젠다가 완성된다. 또한 각 부서마다 하는 일은 티가 나지 않지만 부족한 부분은 한 부서의 문제라도 전체에 데미지가 생기는 경우가 많았다. 월드컵을 하며 잊지 못할 여러 가지 에피소드가 있었다.

첫째, 월드컵심판들은 아침마다 모닝 트레이닝을 한다. 그래서 조직위는 그들이 탈 버스 상황, 음료수, 준비물, 그리고 연습구장의 잔디 상태 확인 등 적지 않은 준비가 늘 필요했다. 월드컵에서의 경험이 많은 내 입장에서는 주최측의 불편했고 좋았던 기억이 정확하게 인지되어 있어 심판들의 편의를 정확히 이해할 수 있었다. 늘 심판들이 모닝 트레이닝을 하기 30분 전 연습구장의 잔디와 주변 상태를 위해 선발대를 미리 보냈다. 그러던 어느 날 선발대로부터 급박한 전화가 왔다.

"큰일 났어! 화장실이 더럽고 꽉 막혔어. 어떡하지?"

결국 내 입에서 잔인한 말이 나왔다.

"퍼내! 그리고 수단과 방법을 가리지 말고 깨끗하게 만들어 놔."

시간상 어떠한 방법도 떠오르지 않았던 나에게는 그 말이 최상의 답이었다. 이것뿐이 아니었다. 운동장 관리자가 늦잠을 자거나, 서로 일을 미뤄 연습장 문이 열려 있지 않거나, 주변 아파트 주민이 운동장을 들어와 산책을 하고 있으면 아침마다 비상이었다. 또한 운동장에 거의 도착할 때까지 담당자와 연락이 안 돼 연습장 문이 열리지 않아 급박하게 파주 대표팀 연습장으로 버스를 돌린 적도 몇 번 있었다.

경험이 없으면 당황해서 많은 문제가 발생할 수 있지만 월드컵심판 대부분이 나와 올림픽과 세계대회에서 만난 친구들이라 쉽게 양해가 구해져 문제가 있더라도 좀 더 부드럽게 해결할 수 있었다.

둘째, 6개 대륙에서 배정받은 심판들이라 요구 상황도 다양했다. 월드컵을 가면 주최측은 그들이 훈련 외에 개인적으로 필요한 물건을 사러 나갈 수 있도록 정해진 배차 스케줄을 통보해 준다. 그 외의 교통은 본인 스스로 택시를 이용해야 한다. 나도 다른 나라에서 월드컵 심판을 할 때 하루 두 번의 배차를 놓치면 시내에 나가기가 쉽지 않았던 점이 늘 아쉬웠었다. 그래서 그들의 편의를 위해 두 번이 아니라 언제든지 차를 이용할 수 있도록 해주었다. 월드컵은 일정이 길어 한 달 이상 집을 나와 있어야 한다. 게다가 경기에서 오심이 나오면 그것을 떨치지 못해 정신적으로 힘들어 하는 심판들이 많다. 경기가 끝난 저녁에 심판들은 수시로 나를 찾아왔고 나는 경기에 관련된 이러저러한 이야기를 나누며 그들을 위로해 주었다.

월드컵 기간 동안 호텔 내에 있는 내 방에 옷을 갈아입는 상황을 제외하고는 거의 들어가지 못할 정도로 조직위 안에서의 내 스케줄은 살인적이었다. 모두가 돌아가고 나면, 일들을 정리하고 준비하며 잠을 거의 사무실에서 엎드려 잤던 것 같다.

셋째, 월드컵 기간에 경기가 끝나면 모든 심판들은 마사지를 받고 싶어 한다. FIFA에서도 두 명의 테라피스트를 둘 수 있도록 승인했다. 72명의 심판이 두 명에게 마사지를 받기 위한 경쟁률은 과히 전쟁 수준이었다. 그래서 월드컵 준비기간 동안 마사지 협회와 자원봉사 협약을 맺고 24시간 무한정 서비스를 준비해 놓았다. 역시 심판들에게 가장 인기 있는 코스가 되었다. 수시로 본인이 원하는 시간에 예약 없이도 마사지를 받으니 심판뿐만 아니라 감독관이나 위원들까지 매일 이용하였다.

❖ FIFA 심판위원장, AFC 심판위원장과 함께

넷째, 각 대륙의 심판들 성향이 워낙 달라 그들의 요구를 들어주기가 쉽지 않았지만, 워낙 친분이 있는 상황이라 우리 쪽에 불만이 있기 전에 늘 빠르게 해결되었다. 하루에 잡힌 미팅만 열 번이 넘어갈 때가 부지기수였다. 음식을 가리는 심판들과 아랍쪽 심판들(돼지고기를 먹지 않음)을 위한 호텔 측 주방장 미팅, 객실의 불편을 호소하면 객실담당자 미팅, 우리와 교류가 되지 않은 국가의 임원 때문에 안기부 미팅, 심판들 트레이닝 준비를 위한 FIFA 트레이너와 미팅, 하루 스케줄을 위한 수송 미팅, 자원봉사자들 미팅, 심판 수행 담당자 미팅, 의전을 위한 경찰들과 미팅, 경기 없는 날 관광과 쇼핑 동선 미팅 등 하루 종일 써도 부족할 정도로 미팅에 치여 있었다. 그 당시 심판본부에는 LOC에서 나 혼자 대표로 나와 있어 스스로 결정해야 하는 일들이 산더미였다.

다섯째, 월드컵에 출전한 나라와 심판의 경쟁은 나라뿐 아니라 대륙의 명예도 걸려 있다. 그래서 심판의 배정은 중요한 부분이었다. 일반적으로 경험 있는 심판들은 본인의 경기를 예측할 수 있다. 한국과 이탈리아 경기를 예를 든다면 모레노라는 남미 심판이 배정받았다. 한국은 아시아에 속해 있어 아시아 심판은 당연히 배제되고 이탈리아는 유럽이니 유럽 심판이 배제된다. 남은 대륙은 아프리카, 북중미, 오세아니아, 남미이다. 한 팀은 홈팀이고 한 팀은 강팀이다. 경기의 중요성이 높다.

자, 당신은 어느 대륙을 선택하겠는가? 당연히 축구레벨이 높은 남미일 것이다. 물론 아주 흔하지 않지만 변수가 생기기도 한다. 대류의 축구 수준이 높아도 심판 수준이 떨어지는 경우도 있고 반대로 축구 수준과 상관없이 심판 수준이 높은 경우도 있다. 그래도 월드컵이니 별들의 잔치 아닌가? 그 당시 예측이 가능했던 또 다른 이유는 모레노 심판의 배정 사이클이 우리 경기에 맞게 떨어진다는 것이었다. 또한 FIFA 트레이너의 훈련방법을 보면 경기를 준비하는 심판, 끝난 심판, 경기가 없는 심판의 훈련에 차이가 있음을 알 수 있다. 그 밖에도 여러 정황을 예를 들 수 있지만 거의 확률이 90%였다. 당연히 그 카테고리에 들어오는 심판은 우리나라의 경기 전 FIFA가 허락하는 선에서 특별히 친절모드 관리에 들어갔다. 홈 어드벤티지는 심판 스스로 마음에서 우러나와야 한다. 월드컵을 뛰는 심판은 돈보다 명예를 평생 자랑으로 살아가기 때문에 돈이 아니라 마음을 사야 한다. 그것도 평상시에 쌓아 놓아야 한다. 어쨌든 우리나라 경기의 주심예측은 거의 적중하였다. 또한 본인들도 배정받은 날 사무실로 달려와 자랑하듯 나에게 이야기했다. 그럴 때마다 나는 늘 차분한 어조로 축하한다. 공정하게 50 대 50으로 보라며 조언했다. 말은 못하지만 속으로는 이렇게 잘해 주는데 알아서 보겠지라는 흑심(?)을 가득 품고 대화한다.

여섯째, 한국이 일본과 달리 승승장구하자 무슨 특별처방이 있는지 의심 많은 일본 축구협회에서 심판위원장과 직원을 한국으로 파견하였다. 무슨 일로 왔냐하니 그냥 얼굴 보러 왔다고 했다. 그러나 월드컵 기간에 심판위원장이 아무 일도 없이 한국을 방문한다는 것은 그만큼 신경 쓸 부분이 있다는 반증이다. 더 재미있는 일은 아침부터 사무실에 들러 온종일 바쁜 우리와 상관없이 주변을 보며 책을 읽는다는 것이다. 사람의 마음을 산 것이 어떻게 들킬 수 있겠는 가? 사실 월드컵 준비부터 일본과 우리는 과정이 달랐다. 예를 들어 월드컵에 오는 심판들은 주최 측에서 선물을 받는다. 물론 고가는 절대 금지다. 나 역시 세계 시합을 갈 때마다 주최 측에서 나와 상 관없이 주는 선물을 창고에 집어넣거나 주변에 주는 경우가 허다했 다. 하지만 가끔 좋은 장비를 들고 오는 심판들은 부러웠다.

그래서 각자의 이름이 새겨진 심판 가방에 심판이 필요한 모든 장 비를 넣어 주었다. 가방도 동대문에서 저렴하게 구입했다. 조직위 에서는 나에게 너무 싸서 다른 걸 더 줘야 하지 않느냐고 할 정도였 다. 반면 일본은 금색과 은색으로 된 휘슬 세트를 고급스럽게 만들 어 주었다. 그러나 가격이 문제가 아니었다. 당연히 세상에 하나뿐 인 자기 이름과 2002 한일 월드컵 로고가 자수로 새겨진 동대문표 심판가방이 인기 절정이었다. 심판들은 월드컵이 끝날 때까지 심판 가방을 하나만 더 달라고 매일 나를 조를 정도였다.

일곱째, 한국에서 16강이 끝나고 모든 심판들은 일본으로 넘어 갔다. 나도 34일간의 호텔생활을 정리하고 월드컵을 마무리했다. 그러나 일본으로 돌아간 심판들에게서 연일 연락이 왔다. 한국이 그립다고, 심판들이 원하는 시스템보다 일본 조직위에서 짜 놓은 틀에서 생활하니 답답하다고 했다. 월드컵 예선에서도 한국에 다녀 온 심판들이 일본으로 가 이곳 분위기를 이야기하면 다들 한국으로 배정받고 싶어했다고 한다. 그래서 일본 심판위원장이 이러한 이유 로 한국과 무엇이 다른지 직접 눈으로 확인차 방문한 것 같았다.

그렇게 월드컵 준비 8개월 동안 하루도 쉬지 않고 전력 질주했다. 현역으로 뛰는 것이 백배는 낫다고 생각할 정도로 최선을 다했다. 그러나 생각해보니 나의 몰입은 선수 때나 심판 때나 행정을 할 때나 습관처럼 같았다. 그 덕에 월드컵이 끝나고 난 후 월드컵을 혼자라도 치를 수 있을 정도로 자신감이 생겼다. 어쩌면 못 먹고 못 자고 고생만 했지만 인생의 보약 한 사발은 먹은 듯했다.

한·일 월드컵이 1년 지난 2003년, 나는 미국 여자 월드컵에 주심으로 다시 심판배정을 받았다. 이전 월드컵과 다르게 나는 조직위 친구들에게 많은 감사를 표현했다. 다른 심판들에게도 조직위원회의 역할과 중요성에 대해 수시로 이야기할 정도로 나는 프로 행정가가 되어 있었다.

❖ 2002년 한·일 월드컵 참가 심판들과 함께

그 후 나는 국제무대로 진출하면서 스포츠외교에 크게 매력을 느꼈다. 월드컵을 심판 그리고 담당관으로 세 번을 치르다 보니 다른 국가의 친구들을 많이 사귀게 되었다. 물론 그들의 문화와 전통을 배울 수 있었고 한 길을 같이 걷다 보니 개인적인 친분에 의해 초대받는 일도 많았다. 어려운 일이 생기면 함께 도우며 해결해 나가기도 했다.

또한 은퇴 후 2007년 FIFA 엘리트 심판 강사에 입문하며 2002월드컵 주심들과 심판이 아닌 강사로 스위스에서 다시 재회할 수 있었다. 그 친구들은 본인들 생애에 최고로 잊지 못할 월드컵이라며 한국을 아직도 기억하고 있다. 오죽하면 마사지사 이름도 외우고 있는 친구도 있었다.

요즘도 몇몇 친구들과는 SNS를 통해 서로 연락을 하고 있다. 젊은 날에 만나 서로의 성장을 격려하며 오랫동안 같은 곳을 바라보는 것도 특별한 인연인 것 같다.

· · · · ·

분명한 차이를 보이는 두 단어가 있다. 욕심과 열정이다.

그 판단은 쉽지가 않다.

특히 자기 스스로 평가의 기준을 만들 때는 더욱더 그렇다.

정신없이 살면서 뒤돌아 보면 어떤 일은 욕심이었고 어떤 일은 열정이었다.

욕심도 열정도 정직을 모토로 한다면 큰 문제는 없다.

다만 욕심은 일을 하다 건강을 잃을 가능성이 있고,

열정은 의욕을 보너스로 삶을 더욱 윤택하게 만들 수 있다는 것이다.

사실 시간이 지나면 '너무 재미있었다.'라고 느끼는 일들이

가장 성공한 일들인 것 같다.

"희망이 있어야 용기가 생기는 것이 아니라
용기를 내야 희망이 생기는 것이다."

17
스포츠를 통해 대화하라

황해도가 고향인 아버지의 영향으로 북한의 이야기가 남의 집 이야기 같지 않아 늘 북한의 소식에 관심이 많고 북한 친구도 많다. 무슨 인연인지 1990년 여자 축구 국가대표선수가 되어 베이징 아시안게임에 출전했을 때도 북한 여자팀과 경기를 치렀고 경기가 끝난 후 남북통일 축구대회를 위해 남·녀 축구 국가대표 선수 모두 친선경기를 하기 위해 평양에 가는 기막힌 인연도 가졌다. 아침마다 고려호텔 창밖으로 출근하는 북한 사람들을 바라보며 우리와 다른 것이 전혀 없다는 것에 신기해 했던 기억이 난다. 그 당시는 워낙 북한에 대한 반공교육을 철저하게 받을 때라 생김새와 행동이 우리와 같지 않을 거라는 선입견에 한참 싸여 있던 시절이었다. 지금 생각해도 웃음이 난다. 또 한 가지는 북녘 땅에 아버지 집안의 어른들이 살아 계시다고 들으며 자랐는데 사실 누구인지 얼굴을 전혀 몰라서 만날 기회는 있었지만 찾으려 하지는 않았다. 그 이후 북한 남·녀 축구 대표팀이 한국에 친선경기를 하기 위해 다시 한 번 방문하였고 조금 더 선수들끼리 가까워질 기회를 가지게 되었다.

세월이 흘러 나는 국가 대표선수를 은퇴하고 축구 국제심판으로 입문하여 국제경기에 배정을 받았다. 그때 우연찮게 첫 경기 배정 국가인 인도네시아에서 함께 선수생활을 하던 홍실이(당시 북한대표팀 공격수)를 만나게 되었다. 홍실이도 선수 은퇴 후 바로 축구 국제심판으로 입문하여 우리의 인연은 계속 이어질 수 있었다. 지 나온 많은 이야기를 나누며 시간을 가지려 해도 시간마다 걸려 오는 감시 전화 때문에 홍실이가 방을 비우지 못했다. 함께 배정받은 다른 심판의 감시도 심해 이야기를 나누기가 어려웠지만 아버지 고향이 황해도임을 알고는 경계를 풀고 빠르게 친해질 수가 있었다.

그 이후에도 1년에 두 세번 국제경기에서 꾸준히 북한 선수나 지도자, 심판들을 만날 수 있었다. 경기가 끝나면 밤마다 그 동안의 지난 이야기들과 서로 사는 이야기에 밤이 새는 줄 모르고 수다 떨며 2주 정도의 생활을 함께 보내곤 했다.

당시 나는 아시아 심판 랭킹 1위여서 모든 경기의 결승 배정을 받았다. 그리고 결승은 매번 북한과 중국의 경기로 이루어졌다. 북한과 같은 언어를 쓴다는 주변 국가의 의구심과 북한에 이익을 더 줄 것이라는 오해가 싫어 아마 북한팀이 더 손해를 보지 않았을까 생각이 들 정도이다. 내가 결승 심판으로 들어오면 북한팀은 봐주지도 않는데 한민족이란 믿음 때문에 상당히 파이팅이 넘쳤다. 그리고 내내 중국에 밀리면서도 결국에는 우승을 하는 기적을 만들곤했다. 결국에는 내가 들어간 세 번의 결승전에서 모두 우승해 선수 1인당 아파트 한 채씩 국가에서 제공받았다는 기쁜 소식을 들려주던 것도 기억에 남는다. 받지는 않았지만 북한 축구협회에서 고맙다며 나에게 북한 특유의 섬세함으로 돌, 유리 등으로 그린 내 초상화를 선물로 가져왔었다. 나 또한 시합을 갈 때마다 북한 심판들에게 필요한 약이나 용품들을 한 보따리씩 들고 가 나눠 주었다. 나에게 선물한 뱀술이 좋다고 하니 회초리처럼 말린 뱀 50마리를 가져온 적도 있었다. 그것을 방에다 놓고 자려니 잠이 오지 않아 새벽에

❖ 북한의 친구들인 홍실, 영순, 경희와 함께

북한 심판을 불러 다시 가져가라고 한적도 있다.

또 한 번은 내가 과로로 몸이 좋지 않다는 말을 다른 한국 심판들에게 들은 경희가 나에게 주기 위해 시합 오기 몇 달 전에 구렁이를 주문해 장독에 담아 대만에 들여오다 공항에서 뺏겼다는 이야기를 하며 안타까움에 울었던 기억도 난다. 돌아가기 전날 한국에서 가져 온 선물들은 상표와 겉장을 밤새 뜯었다. 북한에서는 한국 물건이 최고의 상품이라고 했다.

또한 북한의 환경이 좋지 않아 더 이상 아이를 낳지 않겠다고 피임약을 원해 사다 준 일, 2006 도하 아시안게임 때 음식이 맞지 않아 북한 심판들이 까르프에서 배추와 고추, 소금, 파를 사서 김치를 담가 시합 내내 함께 먹었던 일도 있었다. 입고 있는 옷이 세련됐다고 칭찬해 주었더니 내 정장을 자로 몰래 재서 다음 시합에 옷을 만들어 가져온 적도 있었다. 온종일 이야기해도 끝도 없는 북한 친구들과의 추억은 22년 동안 이어온 아름다움 그 자체이다.

지금도 국제 시합을 나가면 국제 전화로 서로 안부를 전하고 있다. 국제 심판위원이 되었을 때 그들이 더 많이 국제사회로 나올 수 있도록 시합 배정에 신경을 썼다. 북한 사람들은 그 당시 미화 100달러로 4인 가족이 한 달을 살 수 있다고 했다. 심판들이 보통 한 경기에 배정을 나오면 최소한 1,000달러를 가져가니 그들의 국제 경기 배정의 절실함은 말로 설명할 필요가 없을 정도였다.

늘 북한으로 돌아가기 전에 중국 북한 대사관에서 1박을 하고 여기저기 부탁받은 물건을 사기 위해 밥도 못 먹고 중국 시장을 뛰어

다닌다는 이야기도 들었다. 중국 물건을 쓰고 죽은 북한 사람들이 많아도 물건이 없어 위험을 무릅쓰고 사용한다는 안타까운 이야기도 들었다.

북한의 소식과 문제들은 늘 정치적인 상황에서 우리 국민들에게 심각한 부분만 발췌되어 알려져 왔다. 그러나 스포츠를 통해 북한 사람들을 22년간 만나 왔지만 그들은 변함없이 순박했다.

• • • • •

북한을 생각하면 광신도같은 사람들만 살 것 같지만
미디어에 비쳐진 모습은 일부이다.
가족의 화목과 자식의 사랑은 우리 정서 그 이상이었다.
자기들이 처해있는 상황이 잘못된 것도 알고 있다.
다만 이전에 우리 대한민국에 대한 실상이
그들에게 잘못 왜곡되어 전해진 것만은 사실이다.
지금 대한민국은 그들의 선망의 대상이다.
정치를 떠나 서로 바라보는 분노의 시선은 거두어 들여야 할 때다.
남들이 보기에는 언어와 모습이 같아 한 가족같이 보이기 때문이다.

"있으면 좋은 사람이 아닌
없으면 안 되는 사람이 되게 하라."

18
겉절이 인맥과 묵은지 인맥

국제 스포츠외교에서 가장 큰 자산은 인맥이다. 그래서 첫 만남이
중요하다. 우리나라에서는 처음 만나면 인사하기 무섭게 명함을 주
고받는다. 서로의 레벨을 확인하기 위해서다. 또한 첫 만남에도 맞
선 보는 사람처럼 개인의 신상명세를 질리도록 물어보고 한두 번만
만나면 상대의 모든 것을 공유했다고 자신해 선을 넘어가는 경우도
종종 있다. 그러나 외국의 경우는 국경과 나이를 초월해 친구로서
상대방을 존중한다. 당연히 첫 만남부터 이것저것 물어 상대를 곤
혹스럽게 하지 않는다. 일에 관련된 가벼운 대화로 상대를 알아가
고 불필요한 개인사에 대한 질문은 서로 하지 않는다. 그렇기 때문
에 국제세계에서 인맥을 만드는 것은 긴 시간이 필요하지만, 진정

성이 함께 동반되면 가족 이상의 관계를 유지하는 동지를 얻을 수
도 있다. 인기 스포츠의 대명사인 축구는 각국협회장들의 파워가
크다. 그들은 NOC(국가 올림픽 위원회) 회장이거나 대기업의
CEO, 국회의원을 겸직하는 경우도 있다. 그런 측면에서 협회장과
의 인맥은 다양한 일을 함께 할 수 있는 상황을 만들어 줄 수 있다.

예를 들어 팔레스타인 축구협회장은 그 나라 NOC 회장이며 장군
출신이다. 각국 축구협회 회장들 모임에서 그와 몇 번 저녁식사를
같이 하게 된 인연으로 나는 팔레스타인 여성들의 동기부여를 위한
강의를 부탁받았다. 또한 그는 자국 프로축구 감독관으로 나를 초
대하고 싶다고 했다. 나의 흔쾌한 답이 없자 그는 그날 이후 6개월
동안 끊임없이 연락해 왔다.

❖ FIFA 블레터 회장과 함께

사실 TV만 틀면 이스라엘과 가자지구의 전쟁 상황이 나와 무서워 허락을 못했는데, 이스라엘이 가자지구와 팔레스타인 사이에 샌드위치처럼 껴있어 국토문제가 발생한 것을 뒤늦게 알았다. 내년쯤 가 보려고 생각 중이다.

또 다른 예로는 우연히 국제 포럼에서 만난 세계스포츠미디어 회장과 세계 스포츠 흐름에 대한 이야기를 하던 중 그에게 멘토링 강의를 요청받았다. 축구를 넘어 나의 다양한 삶의 경험이 다른 국가의 젊은 친구들에게 동기유발이 된다는 것은 큰 영광이다. 이처럼 국제세계에서는 상대의 포지션보다 그의 능력과 경험을 함께 공유하는 것에 더 큰 관심을 둔다. 나또한 국제 스포츠외교 현장을 가면 유명인과 사진 찍기에 바쁜 사람들을 많이 보았다. 친분에 상관없이 일단 찍고 본다. 그리고 자국의 사람들에게 무척 그와 친한 듯 표현한다. 확신하건대 사진 한 장을 인맥이라고 말한다면 어불성설이다.

또한 당사자가 준비도 되어 있지 않은데 명함을 요구하는 경우도 있다. 상대가 관심을 보이는 인맥일 경우 VIP인맥은 명함에 따로 본인의 직통 전화번호를 적어준다. 그렇지 않은 경우는 연락을 하기 위해 많은 사람을 거쳐야 한다. 명함 하나 딸랑 받아 인맥을 과시하는 사람을 보면 안쓰럽기도 하다. 국제 미팅에서 만나는 사람들의 친분은 인사할 때 악수를 하느냐, 포옹을 하느냐, 가벼운 볼키스를 하느냐로도 알아 볼 수 있다. 가끔 상대는 가볍게 악수를 하려고 하는데 힘으로 끌어 당겨 강제로 포옹을 하는 경우도 있다. 그리고 그리웠던 연인처럼 들을 준비가 안 된 사람에게 이런저런 이야기를 퍼부어 대는 사람들도 있다.

개인적으로 내 인맥의 정의는 내 전화기에 그들의 다이렉트 전화번호가 있어야 하고, 언제 어디서나 직통으로 전화할 수 있는 관계이다. 물론 그 쪽에서 먼저 연락이 온다면 그야말로 0순위일 것이다.

그렇다면 이러한 인맥을 어떻게 형성할 수 있을까? 사실 국제 외교 분야 일을 하는 사람들은 진정성이 있는 사람들을 그리워한다. 그들은 다른 사람과 말을 10분만 섞어 봐도 개개인의 성향을 알 수 있을 정도로 대인 관계가 프로페셔널한 사람들이다. 그들에게 처음부터 남는 장사를 하려고 접근한다면 얼굴 보기도 어려울 것이다. 인맥에서 가장 중요한 것은 신뢰이다. 신뢰 또한 한순간에 알 수 없

❖ 국제 스포츠외교심포지움에서 AIPS(세계스포츠미디어)회장 Gianni Merlo와 함께

기에 변하지 않는 믿음을 상대에게 보여 주어야 한다. 내 경우에는 인맥이 개인적인 친분보다는 단체로 식사를 하거나 차를 마실 때 만들어진 것 같다.

나는 워낙 성격이 직선적이라 내숭을 떨거나 예의를 지키지 못한다. 그러나 외국에 나가면 나의 단점이 인맥을 만드는 최고의 카드가 되었다. 아마 그들에게 점수 딸 일도 없고 서로 이용할 일도 없어 털털하게 하고 싶은 말을 다 할 수 있었기 때문인 것 같다. 이런 격식이 없는 관계가 되면 그들은 서로의 편의를 우선시해준다. 예를 들어 이런 인맥은 회장급들이라 스케줄이 일 년 동안 짜여있을 때가 많다. 개인적으로 국내 포럼에 초대하고 싶어 올 수 있냐고 하면 큰 스케줄이 아닌 이상 다른 일을 취소하고도 온다. 또한 평상시 SNS를 통해 가족들보다 더 많이 대화를 하니 인맥의 깊이와 신뢰를 자연스럽게 만들어 갈 수 있었다.

언젠가 AFC 함맘 회장이 이명박 대통령 초청으로 한국을 방문하게 되었다. 그와 개인적인 친분이 있었던 나는 FIFA 회장 선거를 눈앞에 둔 그의 인지도를 긍정적으로 만들기 위해 MBC와 개인 인터뷰 특종을 하는 조건으로 그의 동선이 TV에 노출될 수 있도록 협조를 받았다. 우선 공항에 입국하는 그의 모습을 촬영해서 언론에 내보내고 다음날 내가 리포터가 되어 인터뷰를 했다. 그 밖에도 미디어를 AFC로 초대해 회장의 업적을 적극 홍보할 수 있도록 도왔다.

내가 생각하는 인맥은 상하관계나 절대복종이 아닌 서로의 비전을 함께 나눌 수 있는 파트너십이다. 상하관계는 단순한 포지션일

❖ 아시아축구협회 회장님, 카타르 축구협회 회장님과 함께

뿐이다. 일 관계에서 수평관계를 유지하지 않으면 조언 앞에 망설이게 되고, 망설임에 타이밍을 놓치면 모두가 루저가 되고 만다. 일단 인맥과 서로 윈윈할 수 있는 신뢰가 쌓이면 내가 애쓰지 않아도 인맥의 폭을 넓힐 수 있다. 그들의 인맥을 공유할 수 있기 때문이다.

생각해 보라. 아무리 불가능한 일도 결국 사람이 하는 것이다. 그래서 모든 문제는 사람 관계에서 생기고 답도 그 관계 속에서 풀어가야 한다. 공식이 쉬우려면 관계의 동선이 짧아야 한다. 우리는 온 국민의 염원이었던 평창 동계올림픽을 삼수까지 하며 눈물겹게 유치했다. 또한 상대적으로 유치가 쉬운 광주 하계유니버시아드 대회도 재수까지 하며 유치했다. 관계의 동선이 짧았다면 이 고생을 하며 애를 태울 필요도 없었을 것이다.

향후 우리나라의 많은 지자체가 스포츠 이벤트의 유치를 위해 또 다시 도전을 할 것이다. 우리는 성공한 답안지보다 실패한 과정을 기억해야 한다.

．．．．．

같은 실수를 두 번 하면 프로가 아니다.
겉절이 같은 인맥을 통해 실패를 답습할 것이 아니라
묵은지와 같은 정성과 시간을 들여 한 번에 성공해야 한다.

"도전은 단순한 게임이 아니라
인생의 본질을 찾는 긴 여정이다."

19

도전하라, 세계가 부른다

요즘 한미 FTA 협정이나 한·일 간의 독도문제 등 국제적인 외교 이슈를 평가할 때마다 외교력의 실패라는 말이 많이 거론되고 있다. 또한 평창 동계올림픽 삼수 후 유치, 2022년 월드컵 유치 실패, 아시안 게임의 남북단일팀 구성 등 정치·경제문제뿐 아니라 스포츠에서도 외교가 중요한 이슈로 떠오르는 중이다. 스포츠외교의 힘이 강하면 국제 경기 유치에 유리한 위치를 차지할 수 있고 IOC 위원 등 세계적인 권한이 있는 스포츠외교 인재를 배출할 수 있다. 또한 스포츠외교가 남북 간의 화합에 많이 이용되고 있는 것도 사실이다. 90년 남북 단일팀 선수들이 평양과 서울을 오가며 축구로서 화합을 나누었던 것도 스포츠외교의 가장 큰 장점이라고도 할 수 있다. 또한 작년 팔레스타인 협회장과 면담에서도 축구를 통해 이스라엘과 팔레스타인의 정치적 이슈를 해결할 수 있는 방법을 모색하려는 시도가 드러났다. (이는 축구를 통한 스포츠외교의 일환이라 생각한다.)

스포츠는 단순히 국제적 경기 유치뿐만 아니라 국가의 정치·경제적인 문제를 해결할 수 있는 역할을 하기에 그 위력은 대단하다고 할 수 있다. (남북간의 축구 교류 문제 또한 민간적인 외교로 풀 수 있다는 생각을 많이 해왔다. 스포츠외교는 이처럼 현장에서 직간접적으로 활동하고 있는 위원들을 통해서도 자연스럽게 해결할 수 있는 문제라고 생각된다.) 그러나 대한민국에서는 아직까지 스포츠외교에 대한 인식과 전략이 부족하기 때문에, 관련분야에서 활동하기를 희망하는 인재들의 욕구를 충족시키기 어렵다.

이런 상황에서도 해마다 스포츠외교에 관심이 많은 젊은 친구들이 늘어나고 있다. 우리 때야 맨땅에 헤딩하는 심정으로 무조건 뛰어 들었지만 이제 개천에 용나는 시절은 끝난 것 같다. 본인의 준비와 국가적 지원, 국제 네트워크 등 완벽한 박자를 맞추지 못하면 애만 쓰다 끝날 수 있다.

그럼에도 불구하고 젊은 친구들이 현장에서 국제 스포츠외교를 경험할 수 있는 방법들이 아예 없는 것은 아니다. 우리가 흔히 스포츠외교라 하면 떠올리는 올림픽이라는 고정관념만 바꾸면 된다. 물론 올림픽이 세계에서 가장 큰 스포츠 이벤트인 것은 사실이다. 그래서 아마 더욱이 스포츠외교에 도전할 때 나하고는 상당히 거리가 먼 일이라고 쉽게 생각할 수 있다. 그러나 나는 스포츠외교에 대한 정의를 달리하고 있다. 우선 나는 어떤 포지션이 되었든 국위선양을 하는 사람은 모두 국가대표로 생각하고 있다. 예를 들어 스포츠에서 선수들이 메달을 만들어 낼 때 그들을 지도한 감독과 코치가 있을 것이고, 또한 그들을 지원하는 팀 닥터와 주무자 등 그밖에 관련된 모든 포지션에서 종사하는 분들이 있을 것이다. 그래서 경기에서 얻어지는 모든 결과물은 한 사람의 것이 아닌 모두가 만들어 낸 스포츠외교의 결실이라 할 수 있다. 특정한 사람들만이 스포츠외교를 한다는 생각부터 버려야 한다. 스포츠외교란 대한민국을 세상 밖으로 꺼내는 것이다.

자, 그러면 스포츠외교를 꿈꾸는 사람들을 위해 몇 가지 현장의 노하우를 알려주겠다.

첫째, 진로선택에 앞서 자신의 인생에 특별한 조언을 해줄 수 있는 멘토를 찾아야 한다. 너무 먼 곳에 있는 롤모델을 보지 말고 가까운 곳에 있는 성공한 멘토를 찾아라. 바라만 볼 수 있는 영웅 같은 성공모델보다는 나에게 수시로 조언을 해줄 수 있는 현실적인 멘토가 필요하다. 학교의 교수님이 될 수도 있고 성공한 선배들이 될 수도 있다. 아니면 선망했던 롤모델에게 용기를 내어 직접 찾아가 대화를 시도하는 것도 방법이다.

둘째, 실질적인 스포츠외교로 접근하기 위해 도전해야 하는 몇 가지 명제가 있다는 것을 명심해라. 그것은 '국제'라는 타이틀이다. 현장에 관심이 많다면 누구에게나 문이 열려 있는 국제심판, 코치,

종목별 국제강사, 국제위원에 도전하라. 물론 이 타이틀을 얻어내는 것이 쉽지는 않다. 그러나 사람이 하는 일인데 안 될 것도 없다. 국제 스포츠외교 일을 하는 친구들은 사실 비전공자가 대다수이다. 멀티학과의 도전이 부지기수인 곳이니 누구나 충분한 자격이 있다. 지금 소개한 포지션이 다소 부담스럽다면 각 스포츠 단체의 국제행정요원은 어떨까? 국제 스포츠기구에는 멀티전공자만큼이나 다양한 국가의 동료들이 함께 근무한다. 국제 스포츠 행정요원의 진입에는 두 가지의 방법이 있다. 지인의 소개와 본인의 도전이다. 물론 합격하기 위해서는 언어 구사와 다양한 경험은 필수요건이다.

자! 일단 그림은 보여줬으니 색감을 채우는 방법에 대해서 구체적

❖ FIFA 심판강사 교육에서 심판 친구들과 함께

으로 설명해 보겠다.

KOC(대한체육회)에는 58개의 스포츠 단체가 가맹되어 있다. 즉 58개의 스포츠 단체마다 아시아연맹과 세계연맹이 있다는 말이다. 그것뿐이겠는가? 가맹국도 생각하면 엄청난 숫자다. 이 모두가 여러분들이 도전할 수 있는 기회의 수라는 소리다. 국제심판을 예를 들어보자. 우선 58개 종목별 국제심판들이 필요할 것이다. 이것도 어렵다고 판단되면 장애인 스포츠 국제심판도 있다. 방법을 몰라 도전하지 않은 종목이 상당히 많은 것으로 알고 있다. 그리 어렵지도 않다. 그 종목에 대한 애착이 있으면 자격은 충분하다. 관심 있는 경기 단체에 연락해서 국내강습회를 알아보라. 국내에서 경험이 쌓이면 그때 국제 타이틀에 도전하면 된다. 우리 속담에 머리만 들어가면 몸도 들어간다는 말이 있다. 시작만 하면 다 된다는 이야기다. 국제심판이 되면 많은 기회와 경험이 만들어진다. 국제심판들이 해외에서 연수받을 수 있도록 하는 국가지원 프로그램도 잘 되어있고, 다른 특혜도 많다. 전 세계를 돌며 인맥을 넓히고 경험을 쌓다보면 더 큰 도전을 향한 열정은 저절로 만들어진다. 은퇴 이후에도 본인이 원하면 국제 감독관이나 강사로 계속 활동할 수 있고, 이는 삶을 질적으로 윤택하게 만들어주는 계기가 된다. 또한 국제 무대로 진출하면서 사귄 각국의 친구들에게 그들의 문화와 전통을 배울 수도 있고, 한 길을 걷다보면 개인적인 친분으로 초대를 받을 수도 있을 것이다. 가장 큰 장점은 비선수출신이 80%일 정도로 모두에게 열려있는 도전이라는 것이다.

국제행정에 도전하는 또 다른 방법으로 자원봉사와 인턴으로 경험을 쌓는 것이 있다. 한국에서 열리는 스포츠 이벤트에 참석하여 경험을 쌓고 이를 발판으로 국제 스포츠기구의 인턴에 도전해 보자. 국제기구에 있는 친구 중에 인턴으로 들어와 정식 직원이 된 경우가 종종 있다. 본인만 준비되었다면 한국보다 국제취업이 더 쉬운 경우도 많다.

좀 더 이해를 돕기 위해 축구를 모델로 조직에 대한 설명을 해 보겠다. 현재 아시아축구연맹은 22개 부서에 26개국 150여명의 직원과 20개의 위원회가 있다. FIFA는 35개국에 350명의 직원과 34개의 위원회가 있다. 나는 몇 명의 친구들과 제자를 아시아축구연맹에 취업시켰다. 단순히 소개를 시켜주는 차원이 아니라 그 분야에 맞는 트레이닝까지 시켰다. 적게는 6개월에서 2년이 걸린 친구도 있다. 영어가 완벽하고 자기분야의 경험이 있다면 시간은 단축되지만 부족하다고 불가능한 것도 아니다. 그래서 트레이닝이 필요한 것이다. 물론 관련 멘토가 있으면 많은 조언을 받기 때문에 도전이 더욱 빨라질 수도 있다. 만일 내가 대학 때 이러한 구체적인 현장정보를 누군가에게 들었다면 좀 더 빠른 준비를 할 수 있었을 것이다. 특히 영어와 각 분야에 필요한 자격증을 대학 4년 동안 준비를 했다면 지금보다 더 큰 차이가 있었을 것이다. 여러분 위치에서 가장 중요한 요소는 많은 정보와 경험이다.

마지막 나의 조언은 현재 최고의 위치에 올라있는 경험 많은 선배들도 시작 단계에는 맨땅에 헤딩하듯 세계 방방곡곡을 본인이 자비를 들여 맨발로 뛰었음을 알아야 한다는 것이다. 이전보다 국제적인 환경이 많이 좋아졌지만 개인이 국제 스포츠 외교관으로 갖추어야 할 노력과 자격은 여전히 본인의 몫이다. 국제 스포츠외교에서 이 점이 가장 중요한 요소임을 알아야 한다. 국제외교는 타이틀보다는 주어진 역할에 최선을 다하는 자세가 중요하다.

우리나라 스포츠외교는 짧은 시간에 비해 많은 성장과 성과를 만들었다. 그러나 인재의 부재는 우리가 늘 안고 있는 고민 중 하나이다. 이제는 국내외의 건강한 발전을 위해 스포츠외교 분야에서도 젊은 세대의 성장에 관심을 가져야 할 때다. 발전의 동력은 과거가 아니라 미래에 있기 때문이다.

• • • • •

매번 생기는 편견을 상관할 필요는 없다.
그들이 흔히 하는 말들은 내 인생이 아닌 그들의 인생일 뿐이니까.
한 살이라도 젊을 때 포기를 포기하라, 그러면 인생에는 도전만 남을 것이다.

"단 한 번의 도전에
목숨을 걸 필요는 없다."

20
강한 자가 이기는 것이 아니라 이긴 자가 강한 것이다

　호텔 로비는 이미 각국의 축구협회 관계자들로 꽉 차 있었다. 보통 국제미팅은 하루 전날에 관계자들이 도착하지만, 중요한 선거를 앞두고 있던 터라 나도 3일 전에 도착했다. 개인적으로 친분이 있는 친구들을 만나니 몇 주 전에 들어온 국제위원도 있다고 했다. 현역을 은퇴하고 심판위원으로 일을 하면서 나는 많은 선거를 보았다. 위원들은 선거에서 서로 치열한 경쟁도 하지만 자국의 이익을 위해 각국마다 다른 포지션을 선택해 서로 밀어주는 적과의 동침도 한다.

　보통 후보들은 선거장에 나타나기 전에 이미 각국을 돌며 선거운동을 한다. 물론 선거 장소에서도 부동표를 얻기 위해 마지막까지 각국이 원하는 것들을 서로 조율하게 된다. 누가 회장이 되고 집행위원이 되느냐에 따라 자국의 이익과 본인의 위치보전 여부도 정확히 계산되므로 국제 선거는 치열할 수밖에 없다. 하루에도 열두 번 표의 방향을 확인해도 알 수 없는 게 선거의 결과이다.

이토록 치열하게 자리싸움을 하는 이유는 간단하다. 파워가 생기기 때문이다. FIFA 집행위원의 자리는 세계 축구의 모든 현안을 결정하는 곳이다. 우리가 열광하는 월드컵 주최국 선정도 그들이 권한을 가지고 있고, IOC위원이 부럽지 않을 정도로 많은 부와 명예를 얻을 수도 있다. 후보들은 대개 축구협회장 겸 한 기업의 CEO이기도 하다. 본인만 원하면 얼마든지 비즈니스를 할 수 있다는 장점이 있어 FIFA 집행위원은 모두가 꿈꾸는 자리이기도 했다.

작년 1월 카타르 도하에서 AFC 콩그레스 기간에 FIFA 부회장 선거가 열렸다. 가장 큰 이슈는 FIFA 부회장 선거였다. FIFA 부회장 자리는 우리나라의 정몽준 회장이 오랫동안 지켜 온 아성에 요르단의 36살의 젊은 왕자가 도전장을 던진 상태였다. 얼핏 보기에 아랍과 동아시아의 경쟁 같았다. 투표가 끝나고 결과를 알리는 AFC 사무총장의 얼굴에 모든 사람들의 시선이 쏠렸다. "Korea 20, Jordan 25." FIFA 부회장 선거 결과였다. 아무도 믿지 못하는 상황이 벌어졌다. 선거를 이긴 쪽도 진 쪽도 발표 후 10초간 아무 액션도 없었다. 뒤늦게 아랍쪽 사람들의 비명소리에 가까운 환호와, 뭔가 잘못되었다는 듯한 쇼크로 선거장의 분위기는 모두 공황상태였다. 나또한 너무 충격을 받았다. 아무리 정치적이라도 아시아 축구발전을 위해 정 회장이 해온 일이 적지 않은데 아무것도 한 것이 없는 어린 아랍왕자에게 자리를 뺏긴 것 같았다.

그날 선거에서 나는 많은 것을 보고 배웠다. 아무리 리더가 영향력이 있어도 각 나라의 표심은 수지타산에 의해 갈린다는 것이다. 어차피 잘살든 못살든 축구를 잘하든 못하든 간에 표는 각국에 하나씩이다. 축구가 강하고 부유한 나라는 국제 포지션을 원할 것이고, 반대인 나라는 재정지원과 협회장의 공약 일부를 책임져 줄 것을 요구할 것이다.

아시아는 지리적으로 4개의 지역으로 나누어지고, 이들은 사실 4개의 대륙이라 평해도 될 만큼 거리와 문화에 큰 차이가 있다. 서로 생각이 달라도 너무 다르다. 아시아가 다른 대륙에 비해 사이즈는 커도 축구발전이 더딘 것은 이러한 요인으로 서로 뭉치지 못하기 때문이다. 아직도 발전해야 할 여지가 많은 열악한 아시아 축구 입장에서 FIFA 부회장이 바뀐 것은 아주 안타까운 상황이다. 많은 사람들이 국제무대에 진출하는 것도 중요하지만 국가와 대륙의 이익을 결정하는 집행위원의 포지션은 당사자의 역량에 따라 힘을 발휘하기 때문이다. 그런 측면에서 정몽준 회장의 역할은 대륙회장 그 이상이었다. 요즘 아시아 축구를 보면 리더가 없어 길을 헤매는 듯하다. 아시아축구연맹은 근 몇 년간 많은 선거를 치르며 갈등의 골이 깊어졌다.

나는 2009년에 FIFA 집행위원 선거를 처음으로 겪었다. 그 당시 AFC 함맘 회장과 바레인 축구협회장의 박빙승부가 펼쳐지고 있었다. 함맘 회장은 2002년에 AFC회장이 된 후 아시아 축구 발전을 위해 많은 프로젝트를 성공적으로 이끌고 있었다. 약속한 공약 중 심판과 여자 축구 발전 프로젝트에 대해 내게 자문을 원해 나는 회장과 함께 일하게 되었다. 축구에 관련된 모든 부분에서 전문가의 지식을 경청하기 위해 노력하는 모습이 상당히 존경스러웠다. 워낙 축구 발전을 위한 일을 많이 하고 있어 선거에서 경쟁을 해도 무난히 이기지 않을까 생각을 했는데, 일은 일이고 선거는 선거였다. 상대방과 표수가 비슷해 그 당시 부동표에 온 시선이 집중 되었다.

선거 날 나는 블레터 회장의 바로 뒤에 앉아있을 수 있었다. 이미 여러 번 만나 알고 있어 긴장을 풀기 위해 블레터 회장과 이런저런 농담까지 함께 했다. 농담을 하면서 블레터 회장에게 넌지시 물어봤다. 누가 될 것 같냐고? 그는 막상막하라 누가 이길지 추측하기

❖ 친구이자 조력자였던 AFC 함맘 회장과 함께

힘들다는 답변을 했다. 다시 나에게도 묻기에 당연히 함맘 회장이라고 이야기하니 블레터 회장은 그럼 함께 결과를 보자며 화제를 돌렸다. 선거는 타이틀에 비해 지나치게 과열이 되었다. 그 이유는 선거 전 함맘 회장이 이번 선거에 지면 2년 남은 AFC회장도 포기하겠다고 선언하였기 때문이다. 회장의 그 발언 이후 많은 사람들이 갈등 없이 자국의 이익에 따라 등을 돌렸다. 함맘 회장은 위험한 발언을 한 것이다. 회장이 선거에 지고 모든 걸 다 잃었을 경우 같이 선거 운동을 한 모든 사람들은 함께 침몰하게 된다.

리더의 결심은 자존심이 아니라 희생에 있다. 그런 측면에서 나는 함맘 회장의 행동에 화가 났다. 나는 그 이야기를 주변에서 듣고 회장을 만나 그 말을 철회할 것을 요구했다. 자존심을 걸고 승부를 거는 것도 좋지만 지금은 아니라고, 당신 한 사람만 생각하지 말고 전체를 보라고 나는 강하게 어필했다. 회장이 허락할 때까지 물러서지 않고 설득해 그 말을 철회하겠다는 약속을 받고 나는 자리에 다시 돌아왔다.

성공한 리더들 주변에는 눈높이가 같은 수평관계의 동지들이 많다. 리더는 발끝에서 벌어지는 일을 일일이 알 수가 없다. 그래서 함께 일하는 팀원들이 필요한 것이다. 고집이 세고 자존심이 강해 주변 이야기를 듣지 않는 리더들도 많지만 잘못된 방향을 조언하지 않는 측근은 더 문제가 있다고 생각한다. 선거는 인생이 담보가 되는 전쟁이다. 잘못된 결정을 하는 리더에게 목숨을 걸고 충언을 하는 것은 당연한 일이다. 결과는 두 표 차이로 함맘 회장이 이겼다.

만일 함맘 회장이 선거전에 AFC회장을 그만두겠다는 말을 철회하지 않았다면 결과는 끔찍했을 것이다.

· · · · ·

대부분의 사람들은 책임 없는 권한과 파워에만 관심이 있다.
그러나 우리는 공동의 책임이 필요한 곳에서는 최소한 다음 세대를 위해
부끄럽지 않은 결과를 만들어야 한다.
이것은 선택이 아닌 의무이다.

> "불통은 언어의 다름이 아니라
> 마음의 다름이다."

21

마지막 카드는 마지막에 써라

"저는 동의하지 않습니다. 대화를 먼저 해야 할 것 같습니다."

이 말은 프로축구 심판들이 노조를 만들기 위해 모인 날 내가 한 첫 마디였다. 축구 선수들의 꿈이 국가대표와 프로선수라면 축구심판들의 꿈은 단연 프로심판이다. 나는 프로축구 심판이라는 꿈이 이루어진 날 연맹과 연봉계약을 하게 되었는데 꿈이 크면 실망도 크다고 했던가? 선수들의 연봉까지는 바라지 않았어도, 계약금도 퇴직금도 없는 직장인데 심판의 연봉은 실망스러운 수준이었다. 명예로운 자리인데 돈을 밝히면 되겠냐고 하겠지만 처자식을 먹여 살려야 하는 선배들은 이 돈으로 어떻게 살까 싶었다. 심판위원장님께서 프로입문을 축하한다는 말과 함께 계약서를 내미셨을때 나는 꼼꼼히 읽어보다 금액 부분이 눈에 들어와 나도 모르게 "에게?"라는 말이 튀어나왔다. 위원장님이 놀라신 모양이었다. 왜 그러냐고 물으시기에 "이게 다예요?"라고 반문했다. 당황하신 위원장님은 나는 프로 주심 중간 레벨로 시작한 연봉이라고 하셨다. 그날 위원장님도 프로 1년 초짜인 내가 할 말 다해서 실망스러우셨겠지만, 나 또한 프로심판 연봉에 실망하기는 마찬가지였다. 그래도 내 사정은 다른 심판에 비해 좋은 편이었다.

국제심판도 세계 레벨이라 월드컵, 올림픽, 세계대회를 거의 연간 배정받고 있어 그 수입도 무시할 수 없었고 현대 자동차 해외 스포츠 마케팅팀에 다니고 있기도 했다. 총액으로는 웬만한 선수 연봉을 유지하고 있었지만 결혼한 다른 동료들이 걱정스러웠다. 더욱이 프로심판들은 월급이 9개월 정산이라 겨울철 3개월은 월급이 나오지 않는다. 당연히 생활고에 시달리는 사람들이 있기 마련이었다.

선수들과 달리 매년 재계약이라 불안한 직장이고 많은 운동량을 늘 유지해야 하는 상황에서 부상이 오면 준비되지 않은 은퇴를 해야 한다. 연봉 1억이 넘는 심판을 전임으로 계약했다는 일본의 소식은 우리에겐 꿈같은 이야기였다. 지금 생각하니 내가 프로에 들어오기도 전에 선배들은 같은 문제로 많은 토론을 해온 것 같다. 그러나 연맹에 정식으로 이 건에 대해 이야기하거나 심각성을 제기하지 않아 불만이 오래 쌓여온 상태였다.

어느 날 선배들이 연맹 미팅이 끝나고 점심을 다 같이 먹자며 가까운 곳으로 불렀다. 프로 전임 주심, 부심이 다 모여 있었다. 다들 일주일에 전국을 돌며 두 번의 배정을 받던 터라 얼굴 한번 보기 힘들었다. 오랜만에 보는 얼굴들이라 반갑게 근황을 이야기하며 즐거운 시간을 보내고 있는데 낯선 사람들이 서류봉투를 들고 들어왔다. 우리가 여기 모인 취지와 그동안의 프로 축구심판의 열악한 처우개선에 대한 선배들의 설명이 끝나고 낯선 사람들의 소개가 시작되었다. 그들은 "한국노총에서 나온 누구입니다."라는 소개와 함께 우리에게 무엇을 도와 줄 수 있는지에 대해 설명하였다. 다들 뭐가 뭔지 몰라 서로 눈치만 살피고 있었다. 결과적으로 이 모임은 프로축구심판 노조를 발족하는 자리였다. 모임 전에 전혀 설명도 없었고, 동료들과 얼굴 보고 점심 한 끼 먹으러 왔는데 분위기가 너무 무거웠다. 쉽게 말해 우리의 의견이 관철되지 않으면 프로축구가 담보가 되어 연맹과 전쟁이 치러지는 것이었다. 한국노총 대표의 설명이 길어지며 고민은 심화되었다. 선배들은 이미 노조 설립을 위해 오랜 시간을 준비해온 듯 했다. 연맹과 죽이 되든 밥이 되든 대화도 해보지 않고 덜컥 노조만 만드는 게 정답인지, 또 노조 가입에 사인하지 않으면 배신자라고 할 텐데 어떻게 해야하는지 감을 잡을 수 없었다. 나는 한 번도 친구 따라 강남 간 적이 없었다. 무조건 강요하는 것은 죽기보다 싫어하는 성격이었다. 생각이 길어지는 사이 노조 가입 페이퍼와 볼펜 한 자루씩이 각자의 앞에 놓여졌다. 나는 일단 한 번이라도 뜻을 모아 연맹과 대화를 시도하자고 했다. 그러나 선배들의 의견은 달랐다. 그동안의 행동을 봐서는 이야기하나마나라고 했다. 다들 서로 눈치를 보고 있으니 한국노총에서 나온 분이 강제로 하면 안 되니 가입하기 싫으신 분은 손을 들라고 했다. 이미 결심이 선 선배들 앞에서 누가 손을 들 수 있겠는가? 나는 계속해서 노조를 반대하는 게 아니라 방법이 잘못된 것 같다고 주장했다. 한 선배가 반대할 거면 방에서 나가라고 했다. 마음은 무거웠지만 수용하기 어려워 혼자 방을 나왔다. 식당에서 나와 걷는데 많이 혼란스러웠다.

그날 저녁 TV에서 프로축구 역사상 최초로 심판 노조가 만들어졌다는 방송이 나왔다. 임은주를 제외한 프로심판 전원이 가입했다는 보도는 내가 완전히 배신자라고 온 국민에게 발표하는 듯했다. 그래도 선배들은 상황을 너무 급박하게 끌고 간 것에 대한 미안함에, 나에게 괜찮다고 위로를 해 주었고 충분히 생각해서 결정하라고 했다. 그 후 노조를 탈퇴하지 않으면 많은 불이익을 줄 것이라는 압박과 회유를 받으며 선배들은 일주일 만에 반 이상이 탈퇴를 하였다. 탈퇴한 동료들은 내게 전화해서 그때 나도 임 선생을 따라 나갔어야 했는데, 강압적이라 어쩔 수 없이 사인을 했네, 모르고 했네 등 사연도 많은 후회들을 했다. 마지막에 거의 모든 프로심판들이 탈퇴해 3~4명의 선배들만 남았다.

지금 생각하면 후회는 없지만 선배님들의 마음은 충분히 이해가 간다. 어쩌면 그때의 선배님들의 희생으로 지금 프로심판들의 처우가 많이 개선되어졌는지도 모른다. 노사 간에 문제가 발생되면 당연히 약자가 손해를 본다. 그래서 나는 마지막 카드는 최악의 상황에서 써도 늦지 않는다고 생각한다. 특히 선택의 폭이 적은 약자의 입장에서는 더욱 그렇다. 많은 기업과 단체가 벌이는 행태에 대한 억울함은 과거나 지금이나 다를 것이 없다. 누군가의 큰 희생이 따를 때나 겨우 생색내기 보상을 할 뿐이다. 그래서 모든 분야에서 소통을 중요시하는 것이다. 우리는 소통을 잘하는 공인이 하루아침에 국민 영웅이 되는 경우를 볼 수 있다. 이러한 사회적 현상은 과거로부터 이어온 강자의 일방통행식 리더십에 대한 국민의 분노의 표출 방식이기도 하다.

· · · · ·

인생을 살면서 자학 할 필요는 없다.
내가 나를 비판하고 학대할 때
이미 주변의 시선도 그리 곱지 못함을 알 수 있기 때문이다.
당신의 자신감의 보약은 당신 스스로의 칭찬이다.
도전과 과정에 최선을 다한 당신에게
결과가 만든 부산물이 회초리까지 될 필요는 없다.
우리 인생이 하루살이도 아니고,
아직도 하고 싶은 일과 해야 할 일들이 인생의 창고에 가득 쌓여 있다.
지금까지 당신이 겪은 성공과 실패에 술잔을 기울이고 눈물을 흘렸다면
당신은 아직도 아마추어다.

"진정한 경쟁은 공동의 발전을 위한 것이다.
개인의 이익을 위한 경쟁은
끝없는 싸움을 위한 소모전일 뿐이다."

22

부러져도 좋다, 자신의 길을 가라

'낙하산 인사' '코드 인사'

내 이름 옆에 이런 수식어가 연일 붙어 미디어에 쏟아져 나오고 있었다. 한때는 도전하는 모든 과정이 너무 힘겨워 뉴스에 쉽게 거론되는 낙하산 인사를 보며 내 평생 저런 복이 있겠는가 생각했다. 낙하산도 재주인 것 같아 보였다. 또한 내가 알고 있는 코드는 집안에 있는 전기코드 밖에 없었다. 국내에서 축구협회와 대립하는 야인 중 한 사람이던 내게 낙하산 인사와 코드 인사라는 말 자체가 너무 사치스러운 단어였다.

2011년 6월로 기억한다. 한 통의 전화가 왔다. 나에게 강원FC 사장을 추천해 달라는 전화였다. 갑작스러워 일단 생각을 해보겠다고 했다. 그 뒤 국내외 일로 정신없이 바빠 잊고 있었는데, 다시 전화가 왔다. 이번엔 나를 강원FC 사장에 추천하고 싶다는 것이었다. 국가대표출신에 프로축구 심판 경력, 교수 그리고 한 회사의 CEO이력을 봐서였다. 바로 결정을 할 수 있는 상황이 아니라 나는 다시고민을 해보겠다고 했다. 이미 하고 있는 일들이 진행 중이라 혼자결정을 할 수가 없었다. 다시 전화가 왔을 때는 팀의 재정 상태에대한 설명도 들었다. 최악의 상황이라고 했다. 성적도 K리그에서꼴찌에 재정은 거의 바닥상태라 모든 게 어렵다는 이야기였다. 나는 왜 최악의 상황에 끌리는지 모르겠다. 구미가 당겼다. 더 이상내려갈 곳이 없으니 해볼만 하겠다는 생각도 들었다. 조건이 완벽하면 누구나 운영할 수 있고 또 나에게 기회가 오겠나 싶었다. 늘무에서 유를 만들었으니 한 번 해보자는 생각이 들었다. 언젠가 기회가 오면 프로축구단을 운영하고 싶다고 오래전부터 생각해 오기도 했다. 다만 일찍 기회가 온 것 뿐이었다. 나의 고민은 할 수 있을까 없을까가 아니라 할 것인가 말 것인가에 있었다. 이력서와 회사매출 등 필요로 하는 서류를 냈다. 이미 나 말고도 이름만 대면 알만한 분들이 함께 후보로 올라 있었다. 그 뒤 나는 강원도에서 나를단독 후보로 결정했다는 연락을 받았다.

내가 처음 최문순 도지사를 만난 것은 평창 동계 올림픽이 결정되고 일주일이 지난 시점이었다. 충청도와 MOU를 맺기 위해 국회에갔던 날이다. 내가 MBC에서 축구해설을 했을 당시는 엄기영 씨가MBC의 사장이었다. 즉 태어나서 처음 최문순 도지사의 얼굴을 대면한 것이다. 간단한 인사를 하고 나부터 말문을 열었다.

"우리 처음 만난거지요? 나를 사장 후보로 결정하신 이유를 듣고 싶습니다."

그는 선수경험과 프로경험이 있고 회사를 운영하기 때문에 구단을 잘 운영할 것이라 판단했다고 했다. 또한 무엇보다 승부조작이 큰 이슈였던 시기라 구단을 깨끗하게 운영해 줄 것으로 믿었다고 했다. 이게 나의 낙하산 인사 스토리다.

일면식도 없는 구단주가 십여 명의 후보들 중 본인의 인사 철학에 의해 선발했던 나는 급기야 야당이 키우는 차세대 체육지도자라고 신문에 나기까지 했다. 아무리 아니면 그만이라도 해도 심한 경우였다. 반대하는 이사들을 설득하기 위해 휴가철에 새벽부터 집을 출발해 강릉, 철원, 춘천을 돌아다니며 새벽에 돌아와 쓰러지듯 잠이 들었다. 그 사이 많은 이사회가 열렸고 나는 회의실 문 앞에 장사진을 친 수많은 기자들을 뚫고 당당히 이사회에 들어갔다. 매번 언성이 높아지고 상황은 좋지 않았지만 이번 정면 돌파야말로 인생의 좋은 보약이라고 생각했다. 스스로 낙하산이라 판단했으면 도지사 뒤에 숨어 이사회에 들어가지도 않았을 것이다. 그들이 해결하고 나면 주인공처럼 등장하는 진짜 낙하산 인사가 되지 않기 위해 나는 한 번도 빠지지 않고 이사회에 참석하였다. 이사회를 하면서도 단독 후보였기 때문에 언제라도 일을 시작하기 위해 팀을 위한 구체적인 구상과 함께 움직였다. 내가 떳떳할 수 있었던 것은 내가 해낼 수 있는 일에 대한 도전이었기 때문이다. 실질적으로 구단 분석에 들어가니 전화로 설명한 것보다 재정상태는 더 심각했고 구단의 여러 문제가 산재해 있었다. 우선 재정 해결과 함께 구단의 성적도 급하게 꺼야 하는 불이었다. 나는 일단 사장에게 지급되는 모든 혜택을 포기했다. 억대의 연봉을 재정이 회복되기 전까지 받지 않겠다고 했다. 또한 임기에 연연하지 않고 1년마다 재신임을 받겠다고 했다. 하지만 사람들은 연봉을 받지 않겠다는 것도 문제를 삼았다. 강원도 사람을 써야 한다는 말과 함께 마지막에는 지역 정서까지 이야기했다. 나는 소통의 문제가 아니라 언어가 다른 것 같은 낯설음을 느꼈다. 그래도 내 스스로 습관처럼 나를 벼랑 끝에 세우고 최선을 다했다. 내가 선택이 되든 안되든 시간이 너무 촉박해 일단 개인적으로 구단의 리모델링 프로젝트를 세웠다.

프로구단의 기본 형태는 간단하다. 성적이다. 특히 지방구단의 경우 팀의 성적이 도민들에게 주는 자부심과 응집력은 대단했다. 성적이 좋아야 관중이 많이 오고 관중이 많아야 스폰서가 따라 붙으니 결국에는 장기적인 재정 확보를 위해 팀의 리모델링이 1차 목표가 되어야 했다. 기존 틀을 유지하면서 리스크를 줄여야 하는데 시즌 중이라 조심스러울 것 같았다.

국제 미팅이 있을 때 국외에서 조심스럽게 아시아 쿼터의 주요 선수를 파악했다. 특히 브라질에 인맥이 많아 1부 리그팀의 지도자와 선수들 조사도 하였다. 구단의 재정이 바닥이라 선수를 영입하는데 큰 돈을 들일 수가 없어 지출을 최소화 할 수 있는 임대 쪽으로 최고의 선수들을 파악해 보았다. 또한 강릉시청과 함께 협력할 여러 사업을 생각했다. 강릉시청이 속해 있는 네셔날리그도 용병을 쓸 수 있어 국내리그에 적응이 필요한 용병들을 우선 강원FC에서 활동할 수 있게 하고 싶었다. 좋은 용병을 임대로 받는 조건으로 다른 팀의 이적에 적극 협조하는 조건과 게임 수를 보장해 주는 것을 우리의 카드로 쓰려고 했다. 중간에 에이전트를 끼지 않아 서로 수익에 대한 보장이 클 수 있을 것 같았다. 브라질은 선수의 몸값을 제대로 카운팅 할 수 있고 우리는 리스크 없이 재정이 안정될 때까지 임대선수를 사용할 수 있어 서로 윈윈할 수 있는 조건일 것 같았다. 또한 도내 유소년 팀의 질적 향상을 위해 졸업과 동시에 브라질 2부 리그팀에서 경기를 뛸 수 있도록 MOU를 시도하려 했다.

나를 위해 브라질에서는 여러 사람들이 분주히 움직였다. 지방의 기량이 좋은 어린 선수들은 조건이 더 좋은 서울로 많이 옮긴다. 그들에게 지방에서도 충분히 활동할 수 있는 환경을 만들어 주고 싶었다. 팀 리모델링과 함께 재정 문제를 해결하기 위해 기존 스폰서 외에 다른 방법도 모색했다. 때마침 알펜시아 리조트가 강원도 재정 적자의 문제로 부각되어, 그곳의 일부를 가족문화를 중요시하는 아랍인들을 위한 빌리지로 만들기 위해 시장조사도 하였다. 돈 있는 아랍인들은 최소 50명이 넘는 가족들과 함께 휴가를 길게 즐기기 때문에 유치가 가능할 것 같았다. 또한 대다수의 아랍인들이 프랑스에서 휴가를 즐겨왔는데 히잡의 제한으로 프랑스 정부와 마찰이 잦아 그곳을 떠나고 있었다. 나는 아랍 쪽 축구 협회장들에게 전화를 해서 그에 대한 자문을 듣기도 했다.

그 밖에도 프로구단의 가장 큰 자산인 선수들을 통한 마케팅에도 많은 고민을 했다. 이러한 방법으로 재정을 해결하기 위해서는 사장이 뛰어다니는 방법밖에 없다. 아니면 개인 재산을 전부 기부하던가. 물론 뒤의 방법은 한계에 부딪치게 되어있다. 이 밖에도 많은 사연이 있었지만 글로는 여기까지 옮기는 것이 한계인 것 같다.

다행히 폭풍 같은 여름이 지나고 나는 강원FC의 사장은 되지 않았지만 대신 진정한 팬으로 남을 수 있었다. 팀도 이전보다 안정되며 좋아지고 있었다. 나는 강원FC가 좀 더 힘을 내 승강제를 넘어 우승 후보가 되는 날을 손꼽아 기다린다. 그때는 꼭 다시 사장에 도전하겠다. 나는 셀 수 없는 인생의 고비를 넘기며 성장했다. 내가 이루어 온 그 어떤 것도 가치를 치르지 않고 만들어진 것이 없다. 스스로 쉬운 일보다 어려운 일들을 선택하며 살았다.

• • • • •

도전은 강하고 치열해야 한다.
물론 상처도 받고 좌절도 맛보지만 완전한 성장을 이루면
이 또한 즐길 수 있는 힘이 생긴다.
그 과정에서 이 모든 것에 감사하는 마음이 생기기 때문이다.

CHAPTER 4

꿈꾸는 자
곁에서 기적은
잠복 중

"내가
보고 경험한 것이
인생의
나침반이 된다."

"집중은 필요한 일에 목표를 두지만
몰입은 원하는 일에 목표를 둔다."

기적은 주변에서 잠복 중

365일 합숙 훈련을 하던 대학 운동부 시절, 운동이 끝나고 모두가 옹기종기 앉아서 TV를 보는 것이 우리의 유일한 낙이었다. 그 중 가장 우리의 시선을 뺏은 것은 스포츠 중계와 스포츠 광고였다. 특히 아디다스 광고를 모두가 좋아했는데 산악자전거 선수가 경기 중 고장 난 자전거를 들고 흙탕물에서 뛰는 장면이 있었다. 그 선수의 강한 정신력과 끝까지 경기를 끝내기 위해 악조건 속에서도 최선을 다하는 장면이 한 편의 드라마 같았다. 매번 습관처럼 보는 스포츠 제품 광고의 주인공은 우리들에게는 선망의 대상이었다. 광고를 볼 때마다 우리들은 "와… 죽인다."라고 매번 합창을 했다. '얼마나 유명해져야 저 광고를 찍을 수 있을까?' 나도 한번쯤은 저 광고의 주인공이 되는 기분 좋은 상상을 하며 잠이 들기도 했다. 사실 그 당시 우리의 위치를 보았을 때 비인기 종목(필드하키)의 선수가 스포츠 광고 주인공을 한다는 것은 기적이 일어나기 전까지는 꿈도 꿀 수 없는 목표였다.

그 후 세월이 지나 나는 축구 국가대표선수가 되었고 은퇴 후 국제심판과 프로심판이 되었다. 어느 날 미팅을 위해 아디다스 본사에 들어갔는데 광고를 찍자고 제안하는 부장님의 이야기에 머리가 하얘지며 이게 꿈인지 생시인지 분간이 가지 않았다. 광고를 찍기 전에 이미 남자 국가 대표선수들과 함께 아디다스에서 물품 스폰을 받고는 있지만 이것이 TV 광고까지 이어질 것이라고는 예상하지 못했다. 그런데 기적같이 아디다스 광고를 흠모한지 딱 17년 만에 나는 TV 광고의 주인공이 되었고 공중파에서 약 4개월간 또 다른

❖ 나를 TV 광고의 주인공으로 만들어 준 아디다스 광고

누군가의 선망의 대상이 되었다. 찍고도 믿어지지가 않아 광고가 나오는 시간에 가족과 함께 TV 앞에서 보고 또 봤다. 드라마도 아니고 똑같은 장면을 늘 다른 감정으로 볼 수 있었던 것은 어린시절 나의 꿈이 이루어졌기 때문일 것이다.

국제심판과 프로심판으로 국내외로 알려지기 시작할 때 인터뷰와 강의, 방송, 광고 요청이 연예인 부럽지 않게 들어왔다. 너무 바빠서 매니저가 필요할 정도였는데 운동에 전념하기 위해 스스로 스케줄을 컨트롤 했다. 그 이후 광고 섭외는 계속 이어졌지만 협상이 세련되지 못해 놓친 것도 있고 찍은 것도 있었다. 매년 모교의 라디오와 지면 광고, 그리고 여성부 공익 광고를 찍어 모교에 장학금을 기부할 수 있었다.

또한 많은 곳에서 강의 요청이 들어왔고 나는 경기와 운동 스케줄에 지장이 되지 않는 한도에서 적극적으로 참여했다. 강의를 하면서 여러가지를 배울 수 있었다.

그중에 첫째는 운동만 하다 대중들 앞에서 강의를 하니 내가 알고 있는 것들을 떠드는 수준이 아니라 논리적으로 이론화시켜 이야기하는 좋은 습관을 가질 수 있었다는 것이다.

둘째는 강의하며 만나는 사람들은 나의 팬이 된다는 사실이었다. 경기장에서 뛰는 모습보다 그 과정을 만들기 위한 나의 뒷이야기가 그들에게는 더욱 감동적인 것 같았다. 그리고 사람들이 축구를 얼마나 좋아하는지 강의할 때마다 체감할 수 있었다. 방송도 매력적이었다. 그동안 TV에 나오는 사람들은 얼굴에 잡티 하나 없는 피부

라 신기했는데 출연 전 분장실에서 나의 얼굴이 알아 볼 수 없을 정
도로 페이스오프가 되었을 때 분장의 마력을 알게 되었다. 방송을
자주 하며 다른 프로에서 같은 사회자를 두 번 이상 만나는 경우도
있었다. 그 친구가 바로 오영실 아나운서이다. 지금도 그때를 계기
로 좋은 사람들을 서로 소개해주며 지내고 있다.

한번은 차를 타고 이동하는데 라디오에서 "잠깐만~ 안녕하세요.
누구입니다."라는 공익 광고가 나오고 있었다. 한 주씩 유명인들이
돌아가며 하는 광고였다. 방송이 하루에도 여러 번 나와 차 안에서
유행어처럼 따라 했었는데 한주 지나 방송국에서 연락이 왔다. 그
리고 몇 주 뒤 차 안에서 "잠깐만~ 안녕하세요. 축구 국제심판 임
은주입니다."를 듣는데 희열이 느껴졌다.

❖ 신문에 실린 여성 심판 최초 'AFC 최우수심판상' 수상 뉴스

'한국을 대표하는 한국, 한국인' 프로그램을 제자들과 함께 보던 중 한 제자가 "선생님, 조만간 저 프로에서 부를 것 같은데요."라고 농담으로 이야기를 했는데 두 달 뒤 연락이 와 출연한 적도 있었다. 이 외에도 나열할 수 없을 만큼 말이 씨가 되는 잊지 못할 기적이 연일 이루어졌다. 꿈같은 일들이 지나고 보니 누구나 삶에는 기적이 잠복해 있는 것 같다는 생각이 들었다. 물론 모두가 똑같은 일을 한다고 다 같은 기적이 인생에서 벌어지지 않는다. 그러나 가슴 속에 하나쯤 간절함을 품고 있다면 누가 아는가? 당신도 꿈꿔 온 광고의 주인공이 될지 모른다. 지금도 늦지 않았다. 지금부터라도 TV를 보며 원하는 프로그램나 광고의 주인공을 마음껏 꿈꿔라! 그리고 기억하라! 꿈꾸는 당신은 이미 현실의 주인공이다. 그리고 언젠간 원하는 광고에 당신이 주인공이 될지도 모른다. 나도 말이 씨가 되는 경험이 많으니 다음에는 자동차 광고 하나 찍을까? 하하하

・・・・・
TV의 채널만큼 인생도 다양한 선택이 가능하다.
내가 가진 인생의 리모컨으로 세상을 컨트롤 하지 못하면
세상이 나를 컨트롤 할 것이다.

"하고 싶은 일들은
가슴의 열정을 따르고,
해야 할 일들은
머리의 지혜를 따르라."

24

두드려라, 그러면 열릴 것이다

지난 여정을 돌아볼 때 나의 인생은 나 자신조차도 예측 불가능의 연속이었다. 그중 하나를 이야기한다면 내가 포스닥까지 공부해서 교수가 되었다는 것이다. 누가 믿겠는가? 나는 초등학교 1학년부터 운동을 시작해서 공부와는 담을 쌓았었기 때문에, 공부를 끝까지 한다는 것은 그 당시로서는 인생 최고로 불가능한 부분이었다. 주변에서는 내가 고등학교나 졸업하면 다행이라고 할 정도로 어린 시절 싹이 노랬었다. 갑자기 철이 들어서 대학은 어떻게 들어갔다고 해도, 공부가 더 하고 싶어 석사를 마치고 10년이 지나 박사와 포스닥까지 마쳤으니 지금 다시 생각해도 당연한 것이 하나도 없다. 사실 학위가 인생에서 필요한지를 누군가 물어본다면 나는 '아니다'

라고 말할 것이다. 교육이 중요한 것이지 학위가 중요한 것이 아니다. 교육은 받는 게 아니라 경험하는 것이다.

　경험은 현장에서도 충분히 배울 수 있다. 또한 사회생활을 하는데 필요한 것은 고등학교나 대학에서 어느 정도 다 배울 수 있다. 그래서 개인적으로 고등학교나 대학을 졸업하고 학위를 연장하려면 직장생활을 꼭 먼저 해야 한다고 생각한다. 사회에서는 성적만을 가지고 개인의 가치를 평가하지 않기 때문이다. 직장생활을 통해 사회의 일원이 되면 제일 먼저 조직의 경쟁 생리를 배울 수 있다. 또한 본인이 일한 만큼 금전적 보상도 받아 경제에 대한 가치관도 생긴다. 그러한 조직 경쟁 속에서 필요에 의해 학문을 공부하는 것은 이해해도, 계획도 없이 무작정 학위를 따는 것은 불필요하다고 생각한다. 학교생활을 하다보면 필요에 의해서 박사까지 온 사람들은 그리 많지 않음을 느낄 수 있다. 가끔 보면 학위 연장은 사회로 나갈 준비가 되어 있지 않은 사람들이 학교 울타리에 남기 위한 방법인 것 같기도 했다. 물론 전체를 말하는 것은 아니다.

　나는 대학을 졸업하고 직장생활을 통해 사회로 바로 뛰어들었다. 직장생활을 하는 동안 나의 목표는 더 성장하였고 학업의 연장이 필요했다. 그래서 대학을 졸업한 지 3년 만에 대학원에 입학했다. 가끔 주변에 목표 없이 학력을 높여, 오히려 직장을 선택하는데 고학력이 걸림돌이 되어 고통을 받는 친구들을 쉽게 볼 수 있다. 대한민국의 교육열이 아무리 높아도 너도 나도 박사학위를 들고 다 교수가 될 수는 없다. 현대 사회는 높은 학력이 장점이 되는 것이 아니라 때로는 본인의 아킬레스건이 될 수도 있음을 알아야 한다. 나는 스펙이 필요해서 공부에 끝까지 도전한 것이 아니다. 사실 박사학위가 있는 친구들을 나는 어려서부터 인정하지 않았다. 그래서 학위에 대한 열정은 없었다. 그러나 박사학위가 있는 친구들과 같은 이슈로 논쟁을 하면 내 생각이 옳고 논리적이라도 학위가 없다는 이유로 내 이론에 근거가 없음으로 이어지거나 때로는 말을 잘하는 것으로만 치부되었다. 사실 현장의 경험은 교과서적인 통계로다 설명을 할 수 없다. 박사는 대학원을 졸업하고 약 10년 정도 지나서 시작한 것 같다. 함께 성장하고 싶어 박사과정을 개설한 지 2년차인 대학에 들어가 대우 교수로 임명되어 학생들에게 특강도 할수 있었다. 학교가 결정되고 나니 박사과정도 장학금을 꼭 받고 싶었다. 대학원 시절 조교를 하며 학교에 많은 장학금 제도가 있음을알았다. 조금만 부지런하면 학교 제도를 통해 장학금을 받고 공부할 수 있는 것이다. 그래서 가능한 모든 곳을 통해 장학금을 알아보았다. 우선 학교 측에 알아보니 박사과정에 장학금은 가능하지 않았다. 그래서 국내 대기업 장학재단이 있는 곳에 전화도 하고 찾아가 장학금을 문의하였지만 방법이 없는 듯 했다. 그러나 뜻이 있는곳에 길이 있듯이 마지막으로 문의한 대한체육회에서 국가대표선수 출신에게 주는 장학금이 있어 급하게 심사를 받고 장학금을 타게 되었다. 대한체육회의 장학금은 보통의 경우 각 종목의 협회에서 정보를 가지고 주선하는데 그 당시 협회에 문의하니 그런 장학금이 있는지도 모르고 있었다. 그래도 그 후 내가 받은 장학금을 계

174

기로 축구선수 출신들이 대한체육회 장학금을 쉽게 탈 수 있게 되었다.

박사 과정을 마치고 공부의 끝장을 보기 위해 포스닥을 준비했다. 그 당시 스포츠외교에 관심이 많았던 나는 미국에서 포스닥을 하고 싶었다. 여기저기 대학을 알아보던 중 꽤 괜찮은 대학에 연결되었다. 운이 좋게도 그 당시 국가에서 스포츠외교 전문 인력을 키우기 위해 인재 육성 재단이 만들어졌다. 또한 재단의 프로젝트 중에 국가대표선수 출신을 우선으로 유학 장학금이 생겨 제자들까지 연락해 모두 후원을 받게 되었다. 그러나 재단이 원하는 서류를 미국 대학의 날짜에 맞추지 못해 미국행을 접고 일본으로 떠나게 되었다. 다행히 일본 가와사키 보건복지대는 포스닥 과정이 없음에도 불구

❖ 순천향대학교 대학원 체육학 박사학위 수여식 때

하고 급박하게 과정을 개설하여 나를 받아주었다. 또한 나의 편의를 위해 연구실과 싱글 교수 아파트까지 제공해 주어 그 후 2년간 일본 문화를 다양하게 알 수 있는 계기가 되었다. 또한 나는 그곳에서 대학생과 대학원생을 위해 특강을 했다. 일본에서의 2년 동안 나는 그렇게 아름다운 추억을 가득 채우고 한국으로 돌아올 수 있었다. 지나보니 아무도 믿지 못할 나의 인생의 드라마 중 학위에 관련된 부분은 주인공인 나조차 예상치 못한 시나리오였다. 하지만 국제심판은 또 어떤가? 이 또한 내 계획에 전혀 없었다. 이렇듯 어려서부터 내가 하고 싶은 일들과 무관하게 나는 성장했다. 하지만 결국 그 일들은 세상을 우회하며 더 멋지게 나를 성장시키는 시발점이 되었다. 이래서 사람의 성장은 누구도 함부로 장담할 수가 없다고 생각한다. 선택의 고민은 일단 현실의 트랙을 달리면서 해도 늦지 않을 듯하다. 나는 내가 하는 일의 가치를 세상이 어떻게 평가하든 상관치 말고 달려야 한다고 생각한다. 경주하는 말이 주변의 소리에 시선을 뺏기면 어떻게 레이스를 마칠 수 있겠는가?

• • • • •

어떤 분야든지 성공하려면 남의 인생이 아닌 자신의 인생을 살아야 한다.
경쟁할 때 주눅 들지 마라.
혹 주눅 들더라도 티 내지 마라.
끝장을 보겠다는 마음으로 가는 사람만이 성공의 확률을 높일 수 있다.

"필드의 선수가 답답하다고 감독이나 서포터즈가
경기장 안에서 대신 뛸 수는 없다."

25
싹수가 노래도 꽃은 핀다

친구들과 만나면 온통 자식들 이야기뿐이다. 가족을 만나도 마찬
가지이다. 결혼을 하지 않은 내게 아이들 이야기는 달나라 이야기
같다. 그만큼 공감대가 없다는 뜻이다. 그래도 잠시 듣고 있으면 부
모들은 매번 같은 주제에 열을 올리며 내 아이들의 부족함과 섭섭
함을 끝없이 이야기한다. 아이들의 문제는 누구의 문제인가. 아이
들은 세상 밖으로 태어난 순간 독립된 생명체다. 내 몸에서 나왔다
고 내 아바타라고 생각하면 큰 오산이다. 아이는 아이의 인생을 부
모는 부모의 인생을 살면 되는 것이다. 그것을 인정해야 한다. 어미
게가 자신도 앞으로 걷지 못하면서 새끼에게 앞으로 가라고 하는
안타까움은 이해가 되지만, 태생적인 아이의 성품을 부정해서는 안

된다. 모든 사람은 달란트를 가지고 태어난다. 달란트에는 특색이 있다. 그렇기 때문에 성급히 남의 아이와 비교하여 아이를 무색으로 만들지 마라. 그저 본인의 색이 강하게 나타날 수 있도록 격려하며 기다려라.

요즘 아이들을 보면 조미료를 많이 넣은 음식과 같아 보인다. 유기농으로 태어난 아이들이 엄마들의 성화에 이것저것 첨가되어 원래의 맛을 기억할 수 없게 되어간다. 모두들 어디서나 사먹을 수 있는 흔한 음식 맛이 되고 있다. 개성이 없다는 것이다. 결국 아이들이 성장해 어른이 되어도 본인의 인생을 남의 기준에 따르는 악순환이 생기게 된다. 생각해 보라. 우리가 아이들 때에 어떻게 자랐는지. 세상이 달라졌다고 말하지 마라. 그럼 부모는 세상에 맞게 달라졌는가? 아이에게 요구가 많은 부모는 열등감이 있는 것이다. 본인의 열등감을 아이를 통해 풀려는 욕심을 접어야 아이의 귀한 달란트가 보이기 시작한다. 우리 세대의 친구들은 같은 직종에 종사하는 경우가 거의 없다. 하지만 우리 아이들 때에는 자기 적성에 상관없이 사회적 추세에 모두 몰려 같은 직종 종사자가 많아질 것이고, 서로 필요 이상의 경쟁으로 진정한 친구 없이 외로워 질 것이다.

나를 뺀 우리 집 3형제는 모두 결혼하여 초, 중, 고, 대학에 다니는 자녀를 두고 있다. 오빠는 늦게 결혼하여 자식들과 나이 차이가 있었다. 어린 시절 나 또한 늦둥이로 태어나 운동회 때 오신 아버지를 본 친구들이 할아버지라 하여 크게 운 적이 있었다. 그 바람에

늦은 아버지에 대한 트라우마가 생겨 오빠 내외에게 아이들을 빨리 학교에 입학시키라고 독촉하였다. 큰 조카가 또래보다 체격도 작고 어린데도 내 고집으로 인해 학교에 빨리 입학했다. 새언니가 걱정한 대로 아이는 초등학교 6년 동안 미숙아처럼 수업을 쫓아가지 못했다. 나는 크면 다 똑같아질 거라 했지만 책임감에 걱정이 되기도 했다.

어느덧 중학교에 입학한 조카는 성적이 전교에서 바닥을 헤매고 있었다. 다행인 것은 친구가 많고 성격도 좋다는 것이었다. 고등학교를 겨우 입학해서도 조카는 변함없이 성적이 바닥을 쳤다.

또한 조카는 살이 너무 많이 쪄서 어릴 때 귀여웠던 얼굴이 사라진지 오래되었다. 조카는 고2가 되면서 집안의 걱정거리로 자리 잡았다. 다행히 그런 상황에서도 성격은 좋았다. 하지만 아이는 완전히 길을 잃은 것 같았다. 특단이 필요한 시점이었다. 하루는 불러서 거울 앞에 세웠다.

"너 얼굴을 봐라. 못생겼지, 살도 쪘지, 공부도 못하고, 대학을 못 간다고 생각하면 뭐 할 거야! 취직? 어디? 누가 뽑아준대?"

잔인한 말을 작심하고 마구 쏟아냈다. 아이는 아무 말도 못하고 듣고만 있었다. 그리고 방으로 데려가 본격적으로 상담을 시작하였다.

"성적은 중요하지 않아. 공부는 그렇다 치고 네가 잘하는 것, 하고 싶은 것이 뭔지 말해봐."

역시 없었다. 조카는 역으로 내게

"고모, 뭘 해야 할까요?"라고 물었다. 가장 쉬운 것은 내 분야를 선택하게 하는 것이지만 조카의 체격과 체력을 볼 때 거의 불가능했다. 내가 체육학 박사이자 교수지만 아무리 진단해도 이쪽은 아니었다. 일단은 남들이 걷지 않는 길로 방향을 잡아야 하는데 본인의 관심도 무시할 수 없어 고민이 되었다. 남과 비교되지 않고 스스로 성취감을 가질 수 있는 것이 무엇인지 생각해 보니 중국어가 적격일 것 같았다. 이미 고3을 목전에 두고 있고 아이가 선택을 하지 못하니 누군가 빠른 선택을 해주어야 할 것 같았다. 결정을 하면 망설임 없이 행동에 옮기는 나의 성격대로 오빠와 새언니에게 조카가 다니던 영어와 수학학원을 더 이상 보내지 말라고 했다. 새언니는 팔팔 뛰었다. 가뜩이나 성적이 엉망인데 학원까지 보내지 않으면 어떻게 하냐고. 나는 웃음이 나왔다. 학원을 다녀도 바닥에 있는 성적을 뭐하러 돈을 쓰며 애쓰고 있는지, 조카도 학원을 다니고 싶지 않아 일석이조가 아니라 이중부담인 상태였다. '아이의 진로 선택에 있어 부모의 지나친 관심과 걱정도 큰 장애물이구나.'라는 생각이 들었다. 여하튼 아이의 대학을 나한테 맡기고 절대 간섭하지 않겠다는 약속을 받고 가족을 모두 모이게 했다. 그리고 내일부터 당장 학교 야간자율학습을 빠지고 중국어 학원을 다닐 것을 조카에게 요구했다. 아이의 상태를 보아 담임도 진로를 책임질 수 없기에 우리 쪽에서 결정하는 것이 서로 좋을 것 같았다.

그 후 1년이 흐른 어느 날, 새언니에게서 전화가 왔다. 야간자율학습도 하지 않고 학원도 다니지 않는데 성적이 많이 올라가고 있다는 것이었다. 이유는 간단했다. 성취감이 만든 결과물이었다. 조카는 나에게 반 친구들보다 본인이 무언가 잘하는 것이 생기니 기분이 좋아 다른 공부도 덩달아 잘된다고 했다. 나는 그 아이에게 약간의 격려와 전문가로서 사회의 일원이 되면 얼마나 많은 기회가 생기는지에 대한 희망을 주었을 뿐이었다. 조카는 전교 꼴찌에서 기적같이 1년 반 만에 수시로 몇 대학에 붙어 천안 소재 대학의 중국어학과에 입학하였다. 또한 학기 중 성적장학금을 타는가 하면 중국어 자격증 시험에도 합격하며 도전과 성취를 뒤늦게 반복하고 있다. 대학 4학년이 된 지금 능숙한 중국어 회화 실력은 물론 다이어트에 돌입해 얼마 전 15kg을 운동으로 빼기도 했다. 5년 전만 해도 이 아이가 이런 큰 변화를 스스로 만들 수 있을 거라 예측한 사람은 아무도 없었다. 가족들은 모두 내 덕분이라 이야기하지만 천만의 말씀이다. 나는 아이에게 방향만 제시했고 목표는 아이가 성취하는 몫으로 남겨 두었다. 이렇듯 부모가 아이의 목표에 간섭해서는 안 된다. 최소한 아이가 해야 하는 몫은 속이 터져도 지켜봐야 한다. 가족이라 해도 서로의 역할이 있는 것이다. 부모의 선택을 아이가 따라가는 것이 아니라 아이의 선택을 부모가 응원해 주는 역할 분담이 있어야 한다. 필드의 선수가 답답하다고 감독이나 서포터즈가 경기장 안에서 대신 뛸 수는 없는 것이다.

인생의 휘슬이 불리고 아이가 인생의 경기를 시작하면 부모들은 한 팀의 서포터즈로서 아이가 성취의 골을 넣을 수 있게 응원만 해야 한다. 경기에 지든 이기든 필드에서 당당하게 경기를 하는 아이의 모습에 만족하고 자랑스러워하라. 그리고 우리 아이의 성공을 바란다면 평생 서포터즈로 남아라. 다시 한 번 말하지만 부모는 아이 인생의 결정권자가 아니다. 본인 스스로 선택의 능력을 키워주는 것이 부모의 충분한 역할이다.

학교에서 제자들이나 주변 아이들의 상담을 하다보면 나이에 상관없이 아이들 대부분이 본인의 인생이 걸린 일에 대한 선택에 자신감이 없다는 것을 알게 된다. 자기가 하고 싶은 일을 대부분 부모로부터 저지당하고 성장해 무엇을 결정해야 하는지 혼란스러워했다. 누군가 지시하는 일에는 익숙해져 잘하지만 뭘 하고 싶냐는 질문에는 모르겠다는 답이 돌아온다. 누가 아이들을 이렇게 만들었는가? 부모들은 키우면서 해달라는 거 사달라는 거 다 해주었다고 할 수도 있을 것이다. 그러나 생각해보라. 부모가 원하는 걸 아이에게 해달라고 강요하고 그 대가로 무엇인가 사준 것은 아닌지.

밥상머리교육이라는 말이 있다. 가족이 모여 밥을 먹으면서 아이들의 생활에 대하여 이야기하거나 서로 안고 있는 문제에 대하여 함께 고민하는 시간일 것이다. 나는 가정에서 일어나는 일 중, 고3 특혜(고등학교 3학년이 되면 모든 가사활동에서 면제를 받는 일)를 이해할 수 없다. 인간이 공부를 하는 이유는 사회와 더불어 살아가는 능력을 배우기 위해서이다. 고3이라는 이유가 모든 집안일에서 면제를 받고 게으름이 합리화되거나 소유하고 싶은 모든 것들을 다 소유할 수 있는 특권이 된다고 보지는 않는다. 과연 이렇게 보낸 고3들이 대학에 가면 그동안에 자신이 누렸던 자기중심적 코드에 감사하며 가정을 위해 열심히 봉사하겠는가? 교육은 습관이다. 우리의 공부는 고3에서 종결되는가? 그렇지 않다. 또다른 제2의 고3 생활이 대학 4학년에서도, 취업을 준비하는 시기에서도 늘 반복된다. 그럴 때마다 부모들은 우리 아이들을 신줏단지 모시듯 할 것인가?

부모들의 자녀 돌봄은 끝이 없는 듯하다. 과거에는 대학까지 교육을 시키면 부모들의 역할이 끝난다고 했는데 요즘은 그런 것 같지도 않다. 결혼 때의 집 마련까지 자녀들에 대한 AS를 해주어야 마음이 놓인다는 부모를 많이 볼 수 있다. 또 직장 없이 부모님 그늘에서 백수 생활을 하는 성인들도 주위에서 많이 볼 수 있다. 어머니가 마트의 캐셔 역할을 하는 이유, 늙은 아버지가 명퇴 이후에도 직장을 갖는 이유, 이것들이 자신들의 삶의 질을 위한 경우는 거의 없다. 자식들의 편안한 장래를 위해서 본인들의 인생을 끝없이 희생하고 있는 것이다. 이것은 자식뿐만 아니라 부모도 결코 행복해 질 수 없다는 것을 우리는 아주 나중에 알게 된다.

자식은 불편하고 천하게 키워야 한다는 것이 나의 철칙이다. 아이들은 미성숙한 어른이 아니라 어른과 분명히 구별되는 인격체라는 것을 인식시킬 필요가 있다. 가령 아이에게 미용실에 데려가 염색이나 파마, 화장을 시켜주거나 스마트폰, 유명 메이커 제품을 사주는 행위는 아이들로 하여금 나도 부모와 같다는 생각을 할 수 있게 만든다. 뭐든 갖고 싶은 것을 척척 소유하게 되는 아이들은 아마도 부모에 대한 고마움보다는 더 큰 것을 요구했을 때 사주지 못하는 부모를 원망하게 되는 경우가 더 많을 것이다. 결론부터 말하자면 아이들을 좀 불편하게 키워라.

우리나라의 교육제도를 비판하고 싶지는 않다. 사실 교육제도를 따라서 부모들이 맞추어 간다기보다는 부모들에 맞추어 교육제도가 따라가고 있다는 느낌을 많이 받는다.

우리 부모들은 자녀가 남들과 다르게 성장하는 것에 두려움을 느낀다. 정작 아이들은 새로운 일을 하는데 있어 자신감이 충만한데 부모가 자신감이 없는 것이다. 본인이 불가능하다고 생각하면 우리 자식도 못할 것이라고 미리 선을 긋는다. 그래서 자녀가 남들과 다른 레이스를 뛰고 있는 것에 불안감을 떨치지 못하고 획일적 과외를 시켜 군중으로 몰려다니게 만든다. 군중 속에서 살아남기 위해서는 더 치열한 경쟁력이 있어야 한다는 것을 알지 못한 채.

오래전 모임에서 만난 친구들은 아이들이 클럽활동인 축구에 빠져 주중 주말 할 것 없이 학교와 학원이 끝나면 볼 차러 나간다며 한숨을 쉬었다. 어떤 아이는 다쳤는데도 그 다리로 축구하러 나간다며 미쳤다고 하고, 아침에 깨우지 않으면 죽어도 못 일어나는 애가 국가대표 축구 경기나 유럽축구 선수권대회만 하면 새벽까지 졸면서 보고 학교에 간다고 이구동성으로 난리였다. 즉 축구하는 열정과 시간으로 공부를 해주길 간절히 바라고 있었다. 나는 안타까운 마음에 친구들에게 말했다.

"너희 아이들이 나같이 전문직에서 성공하길 바란다고 했잖니. 나의 어린 시절을 봐라. 공부 열심히 하고 과외 많이 해서 내가 여기까지 왔는지. 너희 아이들은 지금 좋아하는 일과 해야 하는 일을 동시에 하고 있는 거다."라고.

해야 하는 일에는 열정을 쏟을 수 없지만 하고 싶은 일에는 누구나 100% 열정을 쏟아낼 수 있다. 열정을 쏟아내는 것도 습관이 된다. 최선을 다할 때 내가 해낼 수 있는 일이 무엇인지 스스로 터득할 수 있는 좋은 기회가 되는 것이다. 지금은 아이들이 인생의 워밍업을 한다고 생각하자. 대학에 들어가면 본 경기를 위한 준비를 할 것이고 누구보다도 멋지게 대학생활을 해 나갈 것이다. 그리고 대학이 사회로 가는 과정 중 하나임을 알게 되면 사회적 역할에 대한 이해와 계획을 스스로 세워갈 것이다.

• • • • •

자, 지금부터 내 아이가 이런 멋진 성인으로 성장하길 원한다면
집 밖을 나서는 아이의 얼굴에 '파이팅'이라고 기합을 넣어 주어라.

"달려야 한다. 정지된 상태에서는
어떠한 답도 찾을 수 없다.
무엇인가 시도해야 세상은 우리의 고민에
작은 힌트라도 준다."

26

시도하고 고민해야 세상은 힌트를 준다

나는 교육단체나 국가기관, 각종 기업, 스포츠단체에서 강의를 많이 해왔다. 박사를 졸업한 이후에도 각종 단체에서 주관하는 체육 정책 포럼이나 국제외교 관련 세미나에 자주 참석할 기회가 있었다. 때로는 토론이나 세미나의 강사로서, 때로는 청중의 입장으로서 참여했다. 매번 이런 세미나에 참석할 때마다, 인력이 동원된 토론들이 누구를 위한 토론인지 또 청중들은 이 세미나 후에 만족감을 가지고 가는지에 대해 스스로 많이 자문해 보았다. 어떤 세미나를 보면 타이틀은 그럴싸한데 수업의 일환으로 강제 동원된 대학생이나 대학원생들이 자리만 채우고 있는 경우도 있었다. 세미나의 내용은 데이터 나열에만 급급했고, 강사가 준비한 프레젠테이션만

줄줄 읽고 끝나는 수준이었다. 청중들은 내용이 지루해 자거나 출석 후 세미나 중간에 우르르 빠져 나가기도 했다. 청중들을 보면서 이건 아니라는 생각이 들었다.

나는 평소 이러한 세미나를 보면서 고민한 것이 있었다. 늘 체육 관련 또는 운동선수 관련 정책 토론의 장에서 선수 출신의 운동특기자가 아닌 대학교수 중심으로 세미나가 이루어진다는 것이다. 요즘에는 운동선수 출신들이 박사학위를 받고 교수로 있는 경우를 많이 볼 수 있다. 또한 올림픽이나 아시안 게임에서 메달을 딴 선수들이 전공을 살려서 대학 강단에 서는 경우도 있다. 그럼에도 세미나 때마다 운동선수 출신들은 자신의 전공 부분에 대한 세미나에서도 주인공이 되지 못했다. 그들이 존재감 없는 들러리 역할을 하는 것을 보면서 나는 늘 안타까웠다. 운동한 사람들의 능력이 부족한 것

❖ 2011년 한국여성체육인 멘토링 포럼(스포츠 스타 기부 강연) 중 강단에 서서

이 아니라 자신이 해보지 못한 것에 대한 두려움이 그 이유일 것이다. 이것이 내가 스포츠 스타 기부 강연(2011년 한국여성체육인 멘토링 포럼)을 시작하게 된 계기다. 스포츠 스타들이 지금 운동을 하고 있는 친구들이나 은퇴를 앞두고 있는 선수들에게 사회 선배로서 멘토링을 해주는 것이다. 강사, 청중, 기획부터 예산, 토론까지 모든 것이 엘리트 여성 체육인이 중심이 되서 후배들에게 강연 기부를 한다는 모토로 출발하게 되었다.

나도 이전에 세미나나 포럼을 내 스스로 주관해서 해본 적이 없었다. 다른 사람들이 기획한 이벤트에 강연자로 나선 경우가 대부분이었다. 나는 후배들과 포럼을 함께 준비해 후배 스스로도 다음 포럼을 얼마든지 할 수 있다는 자신감을 심어주고 싶었다. 이 포럼이 개인적인 프로젝트가 아닌 국가적인 차원의 프로젝트가 되어야 한다는 것이 나의 생각이었다. 그 당시 스포츠 도박과 승부조작 등 사회적 이슈가 스포츠에 쏠려 있었다. 선수들은 은퇴 후 미래에 대한 두려움과 전문적인 자문이 부족한 현실에서 길을 잃고 있었다. 누군가 그 역할을 시작할 때라 생각해 성공한 멘토들의 노하우를 공유하며 소통하는 포럼이 필요하다고 느꼈다. 우선 나는 세미나를 여는 취지를 함께 일할 운동선수 출신 구성원들에게 설명하였다. 동참하는 강사들에게 그동안 스포츠를 통해 부와 명예를 얻었으니 후배들에게 강의로 보답하자고 했다. 그리고 이 뜻있는 일에 많은 곳에서 동참하기를 바랐다. 우선 국가에서 가장 큰 기관인 청와대에 노크하여 내용을 설명했다. 그리고 문화체육관광부, 스포츠 토

토, 인재육성재단 그리고 한체대 총장님, 이디아 커피 등 2주 동안 쉬지 않고 예비 스폰서들을 만나 세미나의 취지에 대해 적극적으로 프레젠테이션을 했다. 관련자 분들도 나의 취지에 열심히 한다며 동참의 뜻을 밝히셨다. 사실 나는 스폰을 받으러 갈 때 뭔가 얻으러 온 사람처럼 저자세로 굴지 않았다. 이 포럼은 사회적으로 책임 있는 사람들이 다음 세대를 위해 준비해줘야 하는 의무이다.

나도 그들을 응원하는 지지자일 뿐이다. 이 포럼의 주인공은 스폰서들도 나도 아닌 청중들이다. 그래서 스폰서를 얻기 위해 프레젠테이션을 한 후에도 이분들에게 꼭 하는 말이 있었다. 도와달라고 온 것이 아니라 뜻있는 일에 동참할 기회를 드리는 거라고. "무엇을 해주세요"가 아니라 "이 포럼을 위해 무엇을 할 수 있습니까?"라고 물어봤다. 처음에는 모든 분들이 당황한 표정을 지었지만 나도 기부자라고 하니 소통이 되었다. 사실 스폰서가 없다면 내 돈을 들여

❖ 2011년 한국여성체육인 멘토링 포럼에 참석한 청중들

서라도 하겠다고 결심하고 출발한 포럼이라 당당할 수 있었다. 여러 굵직한 단체에서 협찬을 해 주었기에 세미나는 홍보에도 큰 효과를 보았다. 우선 세미나의 주체는 여성 스포츠인이었다. 모든 도전에 성공한 친구들을 무대로 올리고 싶었다. 그리고 하계 스포츠에 유명 선수 출신들이 많지만 스포츠의 균형을 위해 동계, 하계, 장애인 스포츠를 모두 포용하고 싶었다. 장애인 스포츠 대표로 장애인 올림픽에서 불굴의 의지를 딛고 금메달 도전에 성공한 김임연 위원장을 섭외하였고 하계 스포츠에 '우리 생애 최고의 순간' 주인공인 핸드볼의 임오경 감독과 내가 강사로 서게 되었다. 일들이 다 끝나고 야간에 한체대에 모여 미팅을 끝없이 했다. 작은 실수도 없게 두 번이나 참여자들을 불러 리허설을 했다. 포럼에 리허설을 하는 데가 어디 있겠는가? 하지만 모두가 처음이라 확인에 확인을 거듭하였다. 많은 준비과정 끝에 당일 한국체육대학교 필승관 대강당

❖ 2011년 한국여성체육인 멘토링 포럼에서 강연하는 여성 스포츠인

은 천여 명의 학생들이 2층과 계단을 꽉 채우는 진풍경을 만들어 냈다. 연령도 다양했다. 고등학생부터 실업선수, 그리고 각 종목 선수들이 모두 함께 했다. 1부에 강사들의 강연을 마치고 2부에 궁금한 것을 끝까지 풀자는 뜻에서 끝장 토론의 시간도 가졌다. 늘 세미나나 포럼 때 중간에 슬쩍 자리를 빠져 나가던 청중들의 모습과는 달리 이날은 2부 끝장 토론과 3부 질의 응답시간이 더 뜨거웠다. 유명한 강사들에게 자신의 진로를 짧은 시간에 상담 받으려는 학생들로 채워진 강연보다 훨씬 늦게까지 진행되었다. 오늘 안에 끝날 것 같지 않아 정기적으로 포럼을 개최할 것을 약속하고 그날의 포럼을 끝낼 수 있었다. 이날의 포럼을 계기로 모두 자신감이 충만했다. 뜻이 있는 곳에 길이 있다고, 모두가 함께 발전하기 위해 시작한 포럼은 아무 문제 없이 성공적으로 끝났다.

　이제는 국내를 넘어 국제적 포럼을 하자는 목표를 갖고 조만간 또 한 번 뭉치려 한다. 공인들은 이처럼 사회적 소명의식이 있어야 한다. 그동안 세상으로부터 받았던 사랑을 우리도 다른 누군가를 위해 환원을 해야 전염된 후배들이 다음 세대의 멘토로 다시 성장할 수 있기 때문이다.

● ● ● ● ●

인생의 목표를 정하지 말고 방향만 잡아야 할 때도 있다.
목표는 개인의 한계를 결정하지만
방향은 포기하지 않는 한 끝없는 목표를 설정해 준다.

"인생의 진정한 스승은 도전이다.
우리는 도전을 통해 배우고
끝없이 성장한다."

27

준비된 자에게 기회는 Never Ending

나는 개인적으로 다음 세대의 성장에 큰 기대를 가지고 있다. 그래서 높은 위치에 있는 리더에 대한 부러움은 전혀 없어도 열정을 가지고 도전하는 후배와 제자들을 보면 밥을 먹지 않아도 배가 부르다. 내가 그런 후배들에게 관심을 가지게 된 것은 우연한 기회에 얻은 경험 때문이었다.

어느 날 두 분의 스승을 만날 기회가 있었다. 두 분 모두 꽤 저명하신 분들이라 많은 사회적 타이틀을 가지고 있었고 주변에는 추종하는 많은 제자들도 있었다. 그런데 그중 한 분은 많은 타이틀이 있음에도 불구하고 주변의 제자들은 함께 성장하고 있지 않다는 것을 알게 되었다. 그 이유는 이미 성장한 제자들에게 본인이 갖고 있는 기회를 나누어 주지 않기 때문이었다. 갖고 있는 기회가 하나가 되든 열 가지가 되든 그분은 모든 기회를 본인이 다 취했다. 제자들이 그 옆에서 일을 배울지는 몰라도 사회적으로 영향력을 미치는 포지션을 갖는 것은 불가능해 보였다. 결국 그렇게 은퇴한 스승은 하나둘씩 포지션을 잃어갔고, 그 옆에서 크게 성공한 제자도 없을 뿐더러 나중에는 모두 떠나가 외로워지는 것을 보았다. 다른 한 분은 본인이 가지고 있는 포지션을 나누어 줄 뿐 아니라 제자들의 취업이나 사회진출을 본인의 일처럼 이리저리 뛰어다니며 도와주셨다. 나중에 제자들은 사회적으로 큰 포지션에 수장이 되었다. 그렇게 성장한 제자들은 스승이 현역에서 은퇴한 이후에도 스승이 갖고 있던 역량을 발휘하며 활동할 수 있도록 적극 추천하여 돕는 것을 보았다. 제자와 스승이 파트너쉽으로 함께 성장한 케이스다.

그때 내가 깨달은 것은 '혼자 성장하면 내 인생이 VIP지만 제자들을 성장시키면 VVIP가 될 수 있구나.'라는 작은 진리였다. 그 이후로 내 주변에 있는 후배와 제자들에게 혹독한 트레이닝을 시키고 끝없는 격려와 위로를 나누며 함께 성장을 도모하였다. 내가 다 성장한 후 제자들을 키우겠다고 미룰 것이 아니라 미래를 위해 지금부터 준비시켜야겠다는 생각을 해왔다.

때마침 국제무대로 나가니 일자리가 너무 많이 보였다. 그런데 그 당시 준비된 주변 사람이 없어 추천하기가 쉽지 않았다. 그래서 처음에는 호주 친구와 중국 친구를 소개하였고 스포츠와 상관없는 친구들을 추천하기도 했다. 일단 같은 종목을 한 국가대표 출신 중에

제2의 임은주를 꿈꾸는 친구들을 영어 학원에 등록하게 해 영어공부를 시켰다. 그리고 한국으로 국제 시합을 배정받아 오는 국제경기감독관 친구들과 식사를 함께하며 얼굴을 익히게 하였다. 또한 국제 미팅에 함께 데려가 주변의 인맥을 공유하기도 하였다. 후배와 제자들은 미팅 기간에 다른 나라의 친구들과 인맥도 쌓고, 영어로 이야기하며 자신감과 동기를 함께 만들어갔다. 또한 국제무대를 잠시라도 경험한 계기로 영어공부의 필요성을 뼛속까지 느끼고 공부하니 일석이조의 효과를 가지게 되었다. 나는 국내에서도 종종 아마추어 축구 해설과 방송을 할 기회가 있었다. 그때마다 제자들을 동반해서 방송의 매력을 맛보게 하였고 인맥도 공유하였다. 내가 오프닝 경기를 해설한 뒤 방송국 쪽에 사정해 제자에게 결승전 해설을 할 수 있도록 기회를 제공하기도 했다. 나는 그들에게 스포츠를 통한 많은 일자리와 기회를 보여주고 싶었고, 그들이 그 기회를 통해 더 많이 성장하기를 바랐다. 그리고 내가 먼저 경험한 국제무대와 국내의 다양한 행사를 제자들과 공유하며 나와 같은 생각들을 그들이 다음 세대에 물려주기를 원했다.

처음엔 학교에서 교사를 하던 제자에게 2년간 영어 학원을 다니게 했다. 그리고 내 주변의 국제 인맥을 공유해 주었더니 제자는 곧 아시아축구연맹의 경기 감독관을 시작할 수 있었다. 출발이 늦어 처음 입문해서는 고생을 했지만 축구 경기 감독관 중 선수출신들이 거의 없는 상황이라 선수출신이라는 큰 자부심을 가질 수 있었다. 그리고 1년간 국제 경기를 배정 받아 현장에서 경험을 쌓았다.

그러던 어느 날 아시아축구연맹 회장님이 이명박 대통령의 초청으로 한국을 방문하였다. 방한 중 회장님의 개인 마케팅에 대한 미팅이 우리 회사와 잡혀있었다. 미팅이 끝나고 회장님께서 아시아축구연맹 여성국장이 공석이고 호주와 다른 국가에서 추천을 받고 있다는 이야기를 하셨다. 때마침 추천할 사람이 있냐고 물으시기에 제자를 추천하였다. 다음날 인터뷰가 잡혔다. 첫날은 제자의 경험과 축구에 관련한 여러 이야기를 나누었고, 둘째 날은 아시아 여자 축구 발전방안 전략을 발표하게 하였다. 중학교 선생이던 제자는 2년간 퇴근 후 하루도 빠짐없이 영어 학원을 다녔다고 한다. 또한 학원을 다녀온 후 잠을 포기하고 새벽에도 프레젠테이션 스킬과 인터뷰 공부, 현대 축구의 흐름을 공부해 왔다고 한다. 그렇게 최선을 다한 결과 그녀는 아시아축구연맹 여성국장으로 취업하게 되었다. 제자는 여성국장에 입문한 뒤 아시아를 대표해 FIFA가 주관하는 각 대륙 여성국장 미팅에 참석하여 많은 국제 인맥을 넓혀 갔다. 또한 그 계기로 UEFA(유럽축구연맹)에 초대되어 아시아 여자 축구의 발전 방안에 대해 발표하기도 하였다. 그 밖에도 아시아 여자 축구 경기, 심판에 관련된 일들을 포괄적으로 경험한 뒤 학교 복직을 위해 13개월 후 한국으로 돌아왔다. 누구나 할 수 없는 귀한 경험을 가지고 있었기 때문에 나는 제자가 향후 더 많은 성장을 할 것으로 기대한다.

이후 회장님은 FIFA회장 선거에 도전하게 되어 선거기간 동안 자신의 마케팅과 웹사이트 관리를 해 줄 국장을 찾았다. 그때 나는 축구를 나보다 더 사랑하는 우리 회사의 축구 마니아 실장을 추천하였다. 그 친구는 월드컵을 자비로 갈 정도로 열성이었다. 축구인인 만큼 이론적 해석도 뛰어났다. 축구를 사랑하기에 일을 즐기면서 하리라 확신했다. 국제일은 의무감으로 경직되어 있으면 하기가 힘들다. 만나는 사람들의 언어와 정서가 달라 어느 상황에서도 즐기는 마음으로 반응하는 것이 중요하다. 이런 면에서 그는 뛰어났고 또한 평상시 영어공부를 지속적으로 해왔기에 완전 적임자라는 생각이 들었다. 처음에는 회장님이 많이 망설이셨지만 내가 뒤에서 함께 도울 것을 약속하여 회장님 직속 국장으로 들어갔다. TV나 경기장에서 세계적인 축구를 간접 경험했던 그 친구는 전 세계를 회장님과 함께 전세기를 타고 다니면서 원없이 축구 관련 일들을 경험하였다. 꿈에 그리던 유명 축구 행정가들을 FIFA에서 만나고, 세계적인 미디어의 인터뷰 스케줄을 관리하며 몇 개월 전만 해도 생각하지 못한 일들이 눈앞에 펼쳐진 것이다.

이 모든 것이 가능했던 것은 평상시 일에 대한 애정과 열정을 가지고 있었기 때문이라고 생각한다. 애정은 나의 목표를 가슴에 품는 것이고, 열정은 가슴에 품은 열정을 내뿜는 것이다. 또한 애정과 열정에 스피드를 만들 수 있는 동력은 일을 즐기는 것이다. 일을 즐긴다는 것은 억지로 할 수 있는 것이 아니다. 주어진 모든 상황을 긍정적으로 받아들이는 습관이 먼저 선행되어야 뒤에 설명한 모든 것이 꿈을 향해 갈 수 있다.

또 다른 케이스는, 선수 때부터 나를 보며 심판을 꿈꾸던 국가 대표 선수들이었다. 그 중 한 명은 지도자를 포기하고 심판의 꿈을 키우다 내 뒤를 이어 작년 독일 월드컵 주심에 당당하게 배정받았다. 처음에 영어를 ABC만 하던 친구였는데 국가에서 주는 장학금을 추천하여 미국에 1년간 어학연수를 보냈다. 장학금을 주는 국가에서 선정한 대학이 아니라 내가 유학했던 곳으로 어학연수를 보냈다. 왜냐하면 내가 경험했던 미국 유학생활이 성공적이었기 때문에 그도 그곳에 가면 빠른 적응을 할 수 있을 것 같았기 때문이다. 성공적인 유학생활을 하려면 한국에서부터 준비할 것이 있다. 첫째는 영어가 기초 이상은 되어야 유학을 가더라도 고생을 줄일 수 있다는 것이다. 기초는 한국학원에서 배우는 것이 훨씬 현명한 방법이

❖ 유럽축구연맹에 초대된 아시아축구연맹 여성국장, 제자 윤보경

다. 그 점에서 우리 둘은 기초가 되지 않아 초반에 고생을 많이 했다. 두 번째는 성격이 내성적이라면 많이 힘들다는 것이다. 낯선 타지에 와서 사람 가리고 음식 가리고 하면 향수병이 더 빨리 온다. 특히 영어 실력은 입을 벌린 만큼 속도가 붙는데, 부끄러워 완벽해질 때까지 말하는 것을 참고 있다면 미국에서 시민권자가 될 때까지 영어 한 마디 못할 수도 있다. 영어는 미국에 얼마만큼 체류했냐가 아니라 얼마만큼 적극적으로 입을 벌리느냐에 따라 실력이 좌우되기 때문이다. 그 제자는 그곳에서 축구 지도자와 심판 등으로 활동하며 영어 실력도 실력이지만 자신감을 더 많이 키워서 돌아왔다. 영어가 완벽하지 않아도 할 수 있다는 자신감만 있다면 어딜 가도 존재감은 드러낼 수 있다. 그 제자는 1년간의 미국생활을 끝내고 월드컵 심판 예비 후보로 선발되어 포르투갈로 날아갔다. 그 후 전세계 엘리트 심판들이 모인 월드컵 심판 테스트에서 영어 규칙 필기에 1등으로 통과하여 영어에 대한 자신감과 월드컵에 참여하는 기회를 동시에 얻기도 했다. 이는 꿈을 이루기 위해서는 후천적인 열정이 성장에 얼마나 중요한지를 단면적으로 보여주는 예이다.

　물론 타고난 끼와 환경이 중요하지 않다고 말하고 싶지는 않다. 하지만 타고난 재능도 없고 환경도 열악하다면 가진 자보다 더 많은 준비를 습관화시키면 된다. 기회가 오지 않으면 기다리지 말고 적극적으로 만들어라.

· · · · ·

한 사람에게 죽기 전에 세 번의 기회가 온다고 흔히들 말한다.

그러나 나는 믿지 않는다.

준비되지 않은 자에게는 죽기 전에 단 한 번의 기회도 오지 않는다.

반면 준비된 자에게 오는 기회는 세 번이 아니라 Never Ending이다.

그래서 준비된 사람에게는 필연이 아니라 우연이라도 많은 기회가 오는 것이다.

더 중요한 것은 성장을 위해

멀리 있는 인생의 롤모델에게 관심을 받으려 애쓰지 말고

가까이에서 멘토를 찾아야 한다는 것이다.

또한 남이 나에게 나누어준 재능은 희생으로 보답해야 한다.

현대의 리더들에게는 나보다 다음 세대를 위한

희생 정신이 더욱 절실한 상황이다.

> "도전하는 사람은
> 같은 길을 가고 싶어하지 않는다.
> 그들은 늘 새로운 길에 대한
> 갈증으로 움직인다."

아직 끝나지 않은 꿈

철이 들면서 단 한 번도 세상이 결정한 인생을 따르지 않았다. 내가 가진 불우한 환경과 주변 여건에서 가능한 일이 전혀 없어 보였기 때문이었다. 세상의 시나리오처럼 어차피 결론이 뻔한 인생을 나는 거부했다. 그래서 어릴 적 나의 도전은 선택이 아닌 죽느냐 사느냐의 운명이 걸린 현실이었다. 지금 생각해 보면 남보다 더 많은 인생의 예선전을 치열하게 치르고 이제야 본선에 올라온 것 같다. 지나온 시간들을 보니 불가능할 것 같은 환경을 정면 돌파해서 대학을 갈 수 있었고, 대학원에 가고 싶어 우연히 선택한 축구가 내 인생을 바꿔 놓기도 했다. 전혀 영어가 되지 않던 내가 미국에서 서

너 개의 아르바이트를 하며 국제심판이 되었고 남들보다 더 많은 검증을 통해 프로축구심판이 되었다. 세상 일은 알 수 없다고, 나는 제일 싫어했던 공부를 포스닥까지 하여 교수가 되었고, 외국인만 보면 가슴이 벌렁거리던 영어울렁증의 내가 국내보다 국외 친구가 더 많아졌다. 선택이 없어 내가 했던 도전들은 이미 나를 중독시켰고 목표를 세우면 포기하지 않고 기어서라도 그곳을 향해 갔다. 이러한 노력들은 늘 부족한 나를 벼랑 끝에 세우며 한국 최초에서 세계 최초를 만들었다. 이제야 망설임과 두려움 없이 진짜 임은주의 인생을 살기 위해 도전을 시작할 수 있을 것 같다. 그동안 내 인생이 승부를 봐야하는 레이싱 말이었다면, 인생의 전반전은 Challenge, 후반전은 Work Together라는 명제 앞에 나의 후반전은 그동안의 값진 경험과 인맥을 세상과 나누는 시간이고 싶다.

그 첫 번째 프로젝트가 스포츠를 통한 사회공헌재단이다. 재단을 통해 국가와 국가, 사회와 사회를 이루는 프로젝트를 해 나갈 것이다. 가장 하고 싶은 일은 후배들을 위한 일자리 창출이다. 매년 각 종목에서 수많은 은퇴 선수들이 나오고 있다. 본인들이 가장 잘하는 운동에 종사하면 문제가 없지만 그 외의 직업을 선택해야 할 때는 많은 용기와 시간이 필요하다. 또한 국내에서 운동지도자는 포화상태이다. 그러다 보니 실업상태에 빠진 각 종목의 은퇴자가 갈 곳이 없다. 그들을 구제하기 위해서는 시스템이 변화하거나 해외로 눈을 돌리는 방법밖에 없다. 예를 들어 국가 간 스포츠 MOU를 통해 스포츠 한류를 조성할 수도 있다고 본다.

협회를 통해 국외지도자로 나가는 경우도 있지만 개인의 인맥으로 가는 경우도 적지 않다. 국제 일을 하다 보니 현장 지도자나 행정쪽에 일자리가 상당히 많음을 볼 수 있었다. 다만 정보와 인맥의 문제인 것 같다. 다행히 국내 기관에 은퇴자를 위한 준비과정과 랭귀지 과정이 있다. 만일 재단에서 교육 이후에 이러한 인맥을 연결해줄 수 있다면 은퇴자들에게 취업의 다양성을 열어줄 수 있을 것 같다. 또한 국제 무대로 진출한 지도자 중 프로감독들은 한국의 선수들을 선발하여 일석이조의 효과를 누릴 수도 있다. 이러한 프로젝트가 현실화되면 다음 올림픽에는 각국의 벤치가 한국지도자들로 채워져 스포츠 한류를 리드해 나갈 수 있을 것이다.

두 번째는 국제 스포츠 이벤트 유치이다. 우리는 이미 스포츠외교의 중요성을 평창 동계 올림픽을 통해 지켜보았다. 그 밖에도 우리나라는 차후 2014 인천 아시안게임과 2015년 광주 유니버시아드 대회를 유치한다. 모든 것이 정치 이벤트인 우리나라에서 향후 각 지자체가 많은 스포츠 이벤트 유치에 도전할 것은 자명한 일이다. 어차피 도전할 거라면 한 번에 유치해야 한다. 실패했을 경우 누수되는 혈세가 너무 크기 때문이다. 대한민국을 세계에 알리고 지구본에 보이지는 않는 도시의 이름을 세상 사람들에게 인지시키는 일 중에 세계 스포츠 이벤트만큼 효과적인 것은 없다. 이벤트의 개최도 중요하지만 그 준비는 더욱 중요하다. 우리 도시에 어떤 이벤트가 맞는지 투자대비 효과는 어떤지 꼼꼼히 따져 봐야한다. 유치에 도전하기 위해 분야별 강사를 초대하여 세계 포럼이나 세미나를 시작하는 것도 방법이다. 포럼을 통해 시장의 상황과 인맥을 형성할 수 있기 때문이다. 표를 던지는 투표자를 직접 초대하는 것도 최상의 방법이다. 국제외교에서 당사자 간이 아니라 몇 사람이 건너가는 정보는 이미 신빙성이 결여된다. 모든 게 사람이 하는 일이기 때문에 국제 인맥은 이벤트 유치에서 가장 중요하다. 개인이 도전하는 일은 맨땅에 헤딩하는 심정으로 시도할 수 있지만 도시가 담보가 되는 큰 비즈니스는 정답에 가까운 정보를 가지고 움직여야 한다.

그런 면에서 리스크를 줄이기 위해 유치를 원하는 도시와 국제인맥을 연결하는 포럼과 세미나를 주관하는 일에 나는 관심이 많다. 나는 세금을 내는 입장에서 검증되지 않는 국가적 프로젝트가 실패하는 경우 그것이 무엇이 되건 열이 받는다. 꼭 내 돈이 나가는 것처럼 아까운 심정은 이루 말할 수 없다. 전문가들은 무엇을 하고 있는가? 왜 시뮬레이션은 하지 않았는가? 무슨 근거로 사업에 바로 착수했는가? 뉴스를 볼 때마다 흥분을 하게 된다. 나는 내 분야라도 할 수 있는 일에 최선을 다해 리스크를 줄이는 일에 늘 관심을 가지고 있었다. 전문가의 경험과 의견에 목마른 젊은 세대와 만남의 기회도 제공해 주고 싶었다. 런던 올림픽이 끝나면 세계미디어 관점에서 보는 올림픽의 의미와 개최 도시의 발전, 그리고 유독 심판들의 오심이 제기되는 상황이라 전문가를 초대해 오심의 상황별 분석과 이해를 국제 세미나로 옮기려 준비하고 있다. 세계적 스포츠 이슈의 중심을 포럼과 세미나를 통해 전문가와 심도 있게 분석하고 소통할 수 있는 현장 이벤트를 많은 사람들과 공유하는 것이 재단의 사업 목적 중 하나이기도 하다.

어쩌면 나의 도전은 지금보다 더 어렵고 힘든 정면 돌파를 요구할 것이다. 성장을 할 때 아무리 천운을 타고나도 혼자 할 수 있는 데는 한계가 있다. 주변의 성장이 나와 눈높이를 맞추어 함께 이루어질 때 더 큰 일들이 벌어진다. 인생의 치열한 레이싱을 끝내고 방목된 나의 도전은 IOC와 FIFA 집행위원을 향해 있다.

또 누군가는 나에게 불가능하다고 이야기할 것이다. 하지만 나의 출발은 늘 누군가의 불가능하다는 목소리에서 시작되었고 성취되었다. 주변의 모든 사람들이 나에게 더 이룰 것이 있는지 질문할 때 나는 웃으며 말한다. 이제 내 도전은 시작일 뿐이라고.

• • • • •

역사적으로 수많은 기적을 만든 사람들은 평범한 사람들이었다.
하지만 노력하지 않는 자에게 쉽게 운이 따를 리 없다.
내 열정에 수많은 기적이 뒤따른 것은 사실이지만
결국 나의 모든 도전과 성취는
평범한 사람의 노력이 만들어 낸 결과물이었다.